Sei fröhlich

- Deutsch lernen mit 10 Lesetexten-

Tetsuya Kumagai
Yuta Daigi

ASAHI Verlag

ドイツ語圏略地図（ ☐ はドイツ語使用地域）

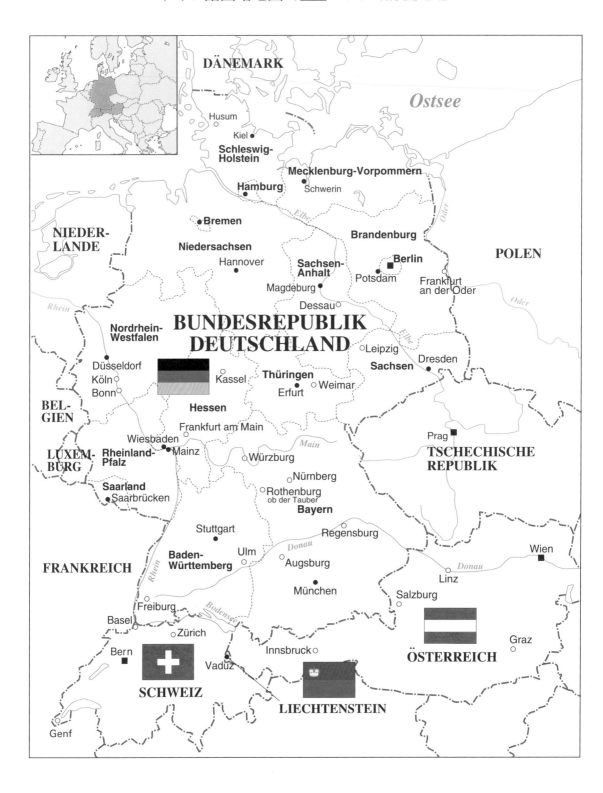

は じ め に

　この教科書は，週一コマ一年間の授業で，ドイツ語の初級文法を身につけながら，まとまりのある文章を読解し，ドイツ語で表現する能力を養成することを目的としています。

　本書は，初級文法を一通り終えた後に復習をかねた初中級クラスのための教材として書かれていますが，発音から接続法までドイツ語の初級文法を一通り扱っているので，ドイツ語を初めて学ぶクラスのための教科書として使用することももちろん可能です。

　第1課から第10課をつうじて，初級文法および基本的な単語，表現を練習し，さらにドイツ文化にかんするさまざまなテクストを読むことで，ドイツ語を総合的に学ぶとともに，ドイツ文化について幅広い知識を得ることができます。

各課は4ページからなっており，それぞれ以下のような構成となります。

- **Grammatik**：文法事項の解説と例文
- **Übungen**：文法事項の練習問題
- **Thema**：ドイツ文化についての読解と練習
- **Aktivität**：応用的な作文，グループワークによる自由作文の応用練習

　1ページ目で文法事項を確認し，2ページ目の文法問題で規則や新出単語を理解し，3ページ目では文章読解を練習し，4ページ目では作文練習やグループワークを通じて，習得した文法事項を自分自身で運用できるようにすることを目指します。

　本書はアクティブ・ラーニング形式の授業でも，通信教育やオンライン授業などでも，効果的にドイツ語の初級文法を身につけることができます。

　新型コロナウィルスの流行に伴い，自由に海外へ渡航することは少し難しくなりました。ただでさえ距離的に遠く離れたヨーロッパは，現在のような状況下で，さらに心理的な距離も隔たってしまったかのように思えます。しかし，海外へ渡航すること，海外で使用することばかりが外国語学習の目的ではありません。遠いドイツの文化へ思いをはせながら，日本でドイツ語を学びドイツ文化を知ることにももちろん価値はあります。ドイツ語圏の言語や文化を鏡として自分たちの生きている世界をより深く理解することこそが，言語学習の第一の目的であると私たちは考えています。

　本書がみなさんのドイツ語学習にとって少しでも支えとなることを，著者として心より願っております。

2022年　秋

著者

■ 目　次 ■

はじめに

発音とアクセント

■ アルファベート 🎧2

A a	[aː]	**I i**	[iː]	**Q q**	[kuː]	**Y y**	[ˈʏpsilɔn]
B b	[beː]	**J j**	[jɔt]	**R r**	[ɛʁ]	**Z z**	[tsɛt]
C c	[tseː]	**K k**	[kaː]	**S s**	[ɛs]	**Ä ä**	[ɛː]
D d	[deː]	**L l**	[ɛl]	**T t**	[teː]	**Ö ö**	[øː]
E e	[eː]	**M m**	[ɛm]	**U u**	[uː]	**Ü ü**	[yː]
F f	[ɛf]	**N n**	[ɛn]	**V v**	[faʊ]	**ß**	[ɛsˈtsɛt]
G g	[geː]	**O o**	[oː]	**W w**	[veː]		
H h	[haː]	**P p**	[peː]	**X x**	[ɪks]		

■ ドイツ語の発音の原則 🎧3

1）基本的にローマ字式読みをする。（例：Name［ナーメ］名前）

2）最初の母音にアクセントがある単語が多い（外来語などの例外もあり）。

3）アクセントが置かれる母音：母音の後の子音が一つ →長母音（例：geben［ゲーベン］与える）
　　二つ以上の場合には短母音（例：denken［デンケン］考える）

1 母音の発音 🎧4

a	[aː] [a]	Tag 一日	backen 焼く
e	[eː] [ɛ]	lesen 読む	England イングランド
i	[iː] [ɪ]	Linie 線	Bild 絵，写真
o	[oː] [ɔ]	Tor 門	hoffen 願う
u	[uː] [ʊ]	Flug フライト	Zucker 砂糖

英語と発音が違うので注意！

2 ウムラウト（変母音） 🎧5

ä	[ɛː] [ɛ]	Universität 大学	Mädchen 女の子
ö	[øː] [œ]	schön 美しい	können できる
ü	[yː] [ʏ]	müde 疲れている，眠い	Brücke 橋

3 二重母音・長母音 🎧6

ai / ay	[aɪ]	Mainz マインツ（地名）	Bayern バイエルン（地名）
au	[aʊ]	Auto 自動車	Frau 女性
ei / ey	[aɪ]	Stein 石	Meyer マイヤー（人名）
äu / eu	[ɔy]	Häuser 家（複数）	neu 新しい
ie	[iː]	sieben 7（数字）	
aa	[aː]	Paar ペア	
ee	[eː]	leer 空の	
oo	[oː]	Zoo 動物園	

母音 + h では長母音となり，
h は発音されません。

Bahn 鉄道　　　sehen 見る

4 子音の発音 🎧7

j [j]	Japan 日本	jung 若い
r [ʁ]	Brot パン	richtig 正しい
母音＋**r** [ɐ]	aber しかし	Autor 著者
v [f]	Vater 父	Volk 民族，国民
w [v]	Wagen 車	Weg 道
z [ts]	zentral 中心	Zeit 時間

s＋母音 → 有声音 [z]	Sonntag 日曜日

ss / ß ＋母音 → 無声音 [s]	essen 食べる	Straße 通り	weiß 白い

（ss の綴りは，短母音の後では ss に，長母音・二重母音の後ならば ß になります。）

sch [ʃ]	Schweiz スイス	Tisch 机	
tsch [tʃ]	Deutsch ドイツ語		
st [ʃt]	stehen 立つ		
sp [ʃp]	sprechen 話す		
ch（a/o/u/au の後）[x]	Nacht 夜	Koch コック	Besuch 訪問	Bauch 腹
ch（i や子音の後）[ç]	mich 私	Milch ミルク	
chs [ks]	sechs 6（数字）	Lachs サケ（魚）	
-ig [ɪç]	billig 安い	Honig はちみつ	
語末の **b, d, g** [p] [t] [k]	halb 半分	Wind 風	Dialog 会話
pf [pf]	Apfel りんご	Pferd 馬	
qu [kv]	bequem 心地よい	Quark カッテージチーズ	
dt / th [t]	Stadt 街	Thema テーマ	
語末の **ds / ts / tz** [ts]	abends 晩に	rechts 右に	Blitz いなずま

■ パートナー練習（1） 🎧8

例にならって，下線部を枠の中の語に変えてつづりをアルファベートで言ってみましょう。

A: Wie buchstabiert man Deutschland?

B: D-E-U-T-S-C-H-L-A-N-D.

> Japan, Auto, Schweiz, Frühstück, Universität

5 数字 🎧 9

まずは 0 から 20 までを確認しましょう。13 から 19 までは「1 の位 + zehn」になり，20以降，10の位は語尾は -ig になります。21 からは「1 の位 + und + 10 の位」と数えます。

0	null	5	fünf	10	zehn	15	fünfzehn	20	**zwanzig**
1	eins	6	sechs	11	elf	16	**sechzehn**	21	einundzwanzig
2	zwei	7	sieben	12	zwölf	17	**siebzehn**	30	**dreißig**
3	drei	8	acht	13	dreizehn	18	achtzehn	100	(ein)hundert
4	vier	9	neun	14	vierzehn	19	neunzehn	1000	(ein)tausend

■ パートナー練習（2） 🎧 10

パートナーと順番に数字を読み，下線部に注意して発音の規則を復習しましょう。

eins zwei drei vier fünf sechs sieben acht neun zehn elf zwölf dreizehn vierzehn fünfzehn

sechzehn siebzehn achtzehn neunzehn zwanzig ...

6 挨拶の表現 🎧 11

Guten Morgen!	おはようございます！
Guten Tag! / Hallo! / Grüß Gott! / Grüezi!	こんにちは！
Guten Abend!	こんばんは！
Gute Nacht!	おやすみなさい！
Danke schön. / Bitte schön.	ありがとう。／どういたしまして。
Entschuldigung!	すみません！
Es tut mir Leid.	申し訳ありません。
Wie geht es Ihnen/dir?	元気ですか？／元気？
Danke, gut. Und Ihnen/dir?	ありがとうございます。はい，元気です。
	あなたはどうですか？／君はどう？
Auf Wiedersehen! / Tschüs!	さようなら！／バイバイ！
Freut mich!	はじめまして！

人称代名詞と動詞の人称変化，ドイツ語の語順・疑問詞と疑問文

● Grammatik 1

■ 人称代名詞・動詞の人称変化（規則変化） 🎧12

ドイツ語では，動詞の原形を**不定詞**と呼びます。実際の文の中で現れる動詞の形は，主語の人称に従って変化し，**規則変化動詞**（規則的に変化するもの）と**不規則変化動詞**（不規則的に変化するもの）があります。規則変化動詞では，動詞の語幹は変化せず，語尾のみが変化します。

人称代名詞（主語＝1格）は，以下の表の通り，動詞の人称変化とセットで覚えましょう。

人称代名詞と動詞の人称変化（例：**lernen**「学ぶ」）

	単数		複数	
1人称	私	ich lerne	私たち	wir lernen
2人称（親称）	君	du lernst	君たち	ihr lernt
3人称	彼 彼女 それ	er sie lernt es	彼ら・それら	sie lernen
2人称（敬称）	あなた	Sie lernen	あなたたち	Sie lernen

2人称のとき，**親称**（親しい相手を呼ぶ場合）では du（君）/ ihr（君たち）を，**敬称**（それ以外の場合）では Sie（あなた・あなたたち）をそれぞれ用います。

語幹が -t, -d で終わる動詞は，語幹と人称語尾の間に口調上の e を挟みます。

（例：arbeiten「働く」→ er arbeit**et**）

-s, -sch, -ß, -z で終わる動詞は，二人称単数と三人称単数が同じ形になります。

（例：heißen「～という名前である」→ du hei**ßt**, sie hei**ßt**）

■ ドイツ語の語順・疑問詞と疑問文 🎧13

ドイツ語では，平叙文や補足疑問文（疑問詞を伴う疑問文）の場合，動詞は必ず**文の2番目**になります。副詞的な要素が文頭に来ても，動詞は2番目です。

平叙文：	Sie	**wohnt**	jetzt in Kyoto.	彼女は今京都に住んでいます。
	Jetzt	**wohnt**	sie in Kyoto.	
補足疑問文：	Wo	**wohnst**	du jetzt?	君は今どこに住んでいるの？
	Ich	**wohne**	jetzt in Berlin.	私は今ベルリンに住んでいるよ。

> 疑問詞：was（何） wo（どこ） woher（どこから） wohin（どこへ） wann（いつ）
> wie（どのように） wer（誰） warum（なぜ）

決定疑問文（ja「はい」か nein「いいえ」で答える疑問文）では，動詞が1番目に来ます。

決定疑問文：	**Wohnen** Sie in Osaka?	あなたは大阪に住んでいますか？
	Ja, ich **wohne** in Osaka.	はい，私は大阪に住んでいます。
	Nein, ich **wohne** in Kobe.	いいえ，私は神戸に住んでいます。

1 次の文の下線部に適切な人称代名詞を補いましょう。

1. _____ heißt Michael.　彼はミヒャエルといいます。

2. Wo wohnen _____, Frau Schmidt?　どこに住んでいるのですか，シュミットさん？

3. Lernt _____ Deutsch?　君たちはドイツ語を学んでいますか？

4. Ja, _____ lernen Deutsch.　ええ，私たちはドイツ語を学んでいます。

5. Bist _____ Lehrerin?　君は教師ですか？

6. Nein, _____ bin Studentin.　いいえ，私は学生です。

7. Habt _____ Hunger?　君たちはお腹が空きましたか？

8. Ja, _____ haben Hunger.　ええ，私たちはお腹が空いています。

2 次の文の下線部に（　）内の動詞を変化させて補いましょう。

1. Ich _____ aus Japan. (kommen)　私は日本から来ました。

2. Wo _____ ihr ? (wohnen)　君たちはどこに住んでいるの？

3. Wir _____ in Osaka. (wohnen)　私たちは大阪に住んでいます。

4. Mari _____ gern Milch. (trinken)　マリは牛乳を好んで飲みます。

5. Was _____ du hier? (machen)　君はここで何をしているの？

6. Michael und Elias _____ Japanologie. (studieren)
   ミヒャエルとエリアスは日本学を専攻しています。

7. Midori und Takuya _____ Deutsch. (lernen)
   ミドリとタクヤはドイツ語を学んでいます。

8. Elias, _____ du Midori? (kennen)　エリアス，君はミドリを知っているの？

3 次の語を並べ替えて文を作りましょう。動詞は人称変化させましょう。

1. ［heißen/ wie/ Sie/ ?］　あなたは何というお名前ですか？

2. ［kommen/ woher/ Elias/ ?］　エリアスはどこから来たの？

3. ［kommen/ er/ Hamburg/ aus/.］　彼はハンブルク出身です。

4. ［was/ machen/ hier/ du/ München/ in/ ?］　君はここミュンヘンで何をしていますか？

5. ［Geschichte/ studieren/ Basel/ in/ ich/.］　私はバーゼルで歴史を専攻しています。

6. ［sein/ er/ wie/ alt/ ?］　彼は何歳ですか？

7. ［ihr/ Geschwister/ haben/ ?］　君たちはきょうだいはいますか？

8. ［Ben/ Klavier/ spielen/ sehr/ gut/.］　ベンはとても上手にピアノを弾きます。

エリカは自己紹介で話す内容をカードにまとめておきました。

aus Osaka kommen　　in Heidelberg wohnen
Biologie studieren　　Deutsch lernen

Ich heiße...

自己紹介にて。

 14

Ich heiße Erika.

Ich komme aus Osaka und wohne jetzt in Heidelberg.

Ich studiere Biologie und lerne Deutsch.

Freut mich!

自己紹介の後にエリカはクラスメイトに話しかけられました。

 15

Du bist Erika, oder? Ich bin Mia.

Du kommst aus Osaka. Ich denke, Hiroshi kommt auch aus Osaka.

Er studiert Jura und lernt auch Deutsch.

Kennst du ihn?

(ドイツ語で答えてみよう)

1. Wo wohnt Erika jetzt?

2. Woher kommt Hiroshi?

3. Was studiert Hiroshi?

専攻と言語	
Chemie	化学
Englisch	英語
Geografie	地理学
Japanisch	日本語
Kunst	芸術
Religion	宗教

 文法メモ 1 ▶ **sein** と **haben** の人称変化

sein と **haben**（英語ではそれぞれ be と have にあたるもの）は非常に重要な動詞です。二つとも不規則変化動詞です。次の変化表を確認しましょう。

sein「〜である」

ich	bin	wir	sind
du	bist	ihr	seid
er sie es	ist	sie Sie	sind

haben「〜を持つ」

ich	habe	wir	haben
du	hast	ihr	habt
er sie es	hat	sie Sie	haben

● Aktivität 1

1. 🖊 次の文を，ヒントにあげた語を使ってドイツ語で書きましょう。（動詞はふさわしい形に人称変化させましょう）

1. 君はなんという名前？ [heißen / du / wie / ?]

2. エミリアは数学を専攻しています。 [studieren / Emilia / Mathematik / .]

3. 君たちはフランス語を学んでいますか？ [lernen / ihr / Französisch / ?]

4. いいえ，私たちはイタリア語を学んでいます。[lernen / wir / Italienisch / .]

5. 君はベンのことを知っていますか？ [kennen / du / Ben / ?]

6. あなたは大学生ですか？ [sein / Sie / Student / ?]

7. ニナはハイデルベルクから来ました。 [kommen / Nina / Heidelberg / aus / .]

8. 彼らは今ベルンに住んでいます。 [wohnen / sie / Bern / in / jetzt / .]

2. 👥 次の人称代名詞と動詞を使ってグループワークをしましょう。

> 人称代名詞 ich, sie, er, ihr, wir を主語として
> 動詞 lernen, wohnen, kommen, heißen, studieren を使って
> 5つの文を作りましょう。

1. _____ .

2. _____ .

3. _____ .

4. _____ .

5. _____ .

名詞の性・数・格，定冠詞と不定冠詞，冠詞の格変化

● Grammatik 2

■ 名詞の性・数・格 🎧16

ドイツ語の名詞のはじめ（語頭）は**大文字**で書かれます。
名詞には，あらかじめ文法上の**性**（男性・女性・中性）が
あり，冠詞によって表現されます。英語と同様，単数と複
数の区別があります。（例：das Auto → die Autos）
性の分類は定冠詞によって表示されることが多く，辞書な
どでは，男性名詞は ***r*** (der)，女性名詞は ***e*** (die)，中性名
詞は ***s*** (das)，複数形は ***pl.*** (plural) などと記されています。

der Zug

das Auto

die Uhr

■ 定冠詞と不定冠詞 🎧17

定冠詞と不定冠詞：1格（主語）の場合

	男性名詞	女性名詞	中性名詞	（英語の定冠詞）
定冠詞	der	die	das	the
不定冠詞	ein	eine	ein	a/an

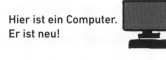

Hier ist ein Computer.
Er ist neu!

不定冠詞は，初めて出てくる未知の事物や特定されていない一つのものを示し，**定冠詞**は既知の
事物や唯一のものを表します。また，職業や身分などを表す場合には**無冠詞**となります。

Noah hat **eine** Schwester. **Die** Schwester heißt Nina. Sie ist **Studentin**.

ノアには姉が一人います。その姉はニナという名前です。彼女は大学生です。

■ 冠詞の格変化 🎧18

冠詞の形は，名詞の性・数・格によって変わります。下の表で，格変化を確認してください。男性名詞と
中性名詞の2格に気をつけましょう。また，複数形の3格では名詞の後ろにnが付きます。

定冠詞の格変化

格	文中での役割	机（男性）	カバン（女性）	本（中性）	本（複数）
1	主格（〜は / が）	**der** Tisch	**die** Tasche	**das** Buch	**die** Bücher
2	属格（〜の）	**des** Tisch(e)s	**der** Tasche	**des** Buch(e)s	**der** Bücher
3	与格（〜に）	**dem** Tisch	**der** Tasche	**dem** Buch	**den** Büchern
4	対格（〜を）	**den** Tisch	**die** Tasche	**das** Buch	**die** Bücher

不定冠詞の格変化

格	文中での役割	机（男性）	カバン（女性）	本（中性）	本（複数）
1	主格（〜は / が）	**ein** Tisch	**eine** Tasche	**ein** Buch	Bücher
2	属格（〜の）	**eines** Tisch(e)s	**einer** Tasche	**eines** Buch(e)s	Bücher
3	与格（〜に）	**einem** Tisch	**einer** Tasche	**einem** Buch	Büchern
4	対格（〜を）	**einen** Tisch	**eine** Tasche	**ein** Buch	Bücher

※ ドイツ語の1〜4格の役割は日本語の格助詞と常に一致する訳ではありません。

● Übungen 2

1 次の文の ( ) に当てはまる不定冠詞を補いましょう。

1. Ich kaufe (　　　　) Buch.　私は一冊の本を買う。
2. Im Park spielt (　　　) Kind.　子供が一人公園で遊んでいる。
3. Dort sitzt (　　　　) Hund.　そこに一匹の犬が座っている。
4. Wir kaufen (　　　　) Tisch.　私たちは机を一つ買う。
5. Hat er (　　　) Schwester?　彼には妹が一人いますか？
6. Sie braucht (　　　) Smartphone.　彼女は一台のスマホを必要としている。
7. Er schreibt (　　　) Brief.　彼は一通の手紙を書く。
8. Ich bekomme (　　　　) Geschenk.　私は一つのプレゼントを受け取る。

2 次の文の ( ) に当てはまる定冠詞を補いましょう。

1. In der Schule singen (　　　) Kinder.　学校では子供たちが歌っている。
2. Heute kauft sie (　　　) Handschuhe.　今日彼女は手袋を買う。
3. Hast du (　　　) Lehrbuch?　君はその教科書を持っていますか？
4. (　　　　) Tasche ist sehr elegant.　そのかばんはとてもエレガントだ。
5. (　　　) Fahrrad (　　　) Mannes ist neu.　その男性の自転車は新しい。
6. (　　　) Computer (　　　) Studentin ist teuer.　その女子学生のコンピューターは高い。
7. Wie findet ihr (　　　) Film?　君たちはその映画をどう思いますか？
8. Schreibst du (　　　) Lehrer eine E-Mail?　君は先生にEメールを書きますか？

3 次の語を並べ替えて文を作りましょう。動詞，冠詞は適切な形にしましょう。

1. ［der Student/ Klavier/ dort/ spielen/.］　その学生はそこでピアノを弾く。

2. ［brauchen/ die Studentin/ ein Computer/.］　その女子学生は一台のコンピュータを必要としている。

3. ［kaufen/ wir/ eine Flasche/ Wein/.］　私たちは一本のワインを買う。

4. ［du/ eine Tasse/ trinken/ Kaffee/ ?］　君は一杯のコーヒーを飲みますか？

5. ［hier/ sitzen/ eine Katze/ auf dem Stuhl/.］　その椅子の上に一匹の猫が座っている。

6. ［ich/ eine Uhr/ kaufen/.］　私は一個の時計を買う。

7. ［der Name/ die Katze/ Tama/ sein/.］　その猫の名前はタマという。

8. ［die Uhr/ der Autor/ sein/ alt/.］　その作家の時計は古い。

◆ DACHL : ドイツ語圏の多様性

D　-Deutschland

A　-Österreich
　　　（Austria）

CH-die Schweiz
　　　（Confoederatio
　　　　　Helvetica）

L　-Liechtenstein
　　　／Luxemburg

🎧 19

Hier ist eine Karte der deutschsprachigen Länder[1]. Deutsch ist eine offizielle Sprache[2] in Deutschland, Österreich, der Schweiz, Liechtenstein und Luxemburg. Was ist „DACHL"? **DACHL** bezeichnet die Vielfältigkeit[3] von **D**eutschland, Österreich (**A**ustria), der Schweiz (**C**onfoederatio **H**elvetica), **L**iechtenstein und **L**uxemburg. Auch Italien, Belgien und Frankreich haben deutschsprachigen Gebiete. Das Deutsch in den Ländern ist unterschiedlich. Die Menschen schreiben fast gleich, aber sprechen ganz anders. Und sie benutzen manchmal verschiedene Wörter für eine Sache, zum Beispiel essen die Leute in München eine „Semmel", aber in Stuttgart einen „Weck". Die Semmel und der Weck sind aber fast gleich, beides sind Brötchen. Das Brötchen ist ein kleines Brot. Wie heißt das Brötchen in der Schweiz? Dort benutzt man oft das Wort „Brötli". In der Schweiz gibt es noch andere Wörter für Brötchen. Die Leute in den dentschsprachigen Ländern sprechen Deutsch, aber haben verschiedene Wörter und Kulturen.

---

1. die deutschsprachige Länder ドイツ語圏の国々
2. eine offizielle Sprache 公用語　　3. Vielfältigkeit 多様性

ドイツ語で答えてみよう

1. Ist Deutsch in Luxemburg eine offizielle Sprache?
2. Was ist eine Semmel?
3. Wie nennt man ein Brötchen in der Schweiz?

Aktivität 2

1. 次の文を，ヒントにあげた語を使ってドイツ語で書きましょう。（動詞はふさわしい形に人称変化させ，名詞には冠詞を付けましょう）

1. 私には兄が一人 (*r* Bruder) います。

2. 君はこのジャケット (*e* Jacke) を買いますか (kaufen)？

3. はい，私はこのジャケットを買います。

4. ノアは車 (*s* Auto) を持っていますか？

5. 君たちには姉 (*e* Schwester) がいますか？

6. いいえ，私たちには姉はいません。

7. その机 (*r* Tisch) は高い (teuer) ですか？

8. ベンには子どもが二人 (*pl.* Kinder) います。

2. 次の名詞と形容詞を使ってグループワークをしましょう。

> 名詞：das Foto, der Computer, die Blume, das Smartphone, der Kuchen, die Jacke
> 形容詞：groß, klein, schön, teuer, alt, neu
> を使って5つの文を作りましょう。

例：Hier ist ein Foto. Das Foto ist alt.

1. _____ .
2. _____ .
3. _____ .
4. _____ .
5. _____ .

 文法メモ 2 ▶ **名詞の複数形・男性弱変化名詞**

複数形の定冠詞には，男性・女性・中性にかかわらず **die** を使います。複数形には，5つのパターンがあります。冠詞の格変化については，8ページの表を使って覚えましょう。

無語尾型：der Computer（コンピュータ）→ die Computer / **-e 型**：der Film（映画）→ die Filme / **-er 型**：das Kind（子ども）→ die Kind**er** / **-(e)n 型**：die Familie（家族）→ die Familie**n** / **-s 型**：das Foto（写真）→ die Foto**s**
男性弱変化名詞とは，男性名詞の中でも単数1格以外が-(e)nで終わるものです。人や動物（たとえば，Elefant「ゾウ」など）を表す名詞が中心で，右の表のような変化をします。

	若者	大学生（男性）
1格	der Junge	der Student
2格	des Jungen	des Studenten
3格	dem Jungen	dem Studenten
4格	den Jungen	den Studenten

動詞の人称変化（不規則変化），命令形，人称代名詞の格変化

● Grammatik 3

■ 動詞の人称変化（不規則変化） 🎧20

不規則変化の動詞では，人称に応じて語尾が変化するだけでなく，主語が二人称単数 (du) か三人称単数 (er/sie/es) のときには，語幹の母音（幹母音）も変わります。幹母音の変化には a → ä, e → i（短母音），e → ie（長母音）の三つのパターンがあります。

人称代名詞と動詞の人称変化（a→ä 型：例 **fahren**「（乗り物に乗って）行く」）

私	ich fahre	私たち	wir fahren
君	du **fährst**	君たち	ihr fahrt
彼 彼女 それ	er sie **fährt** es	彼ら・それら／ あなた・あなたたち	sie **fahren** Sie

e → i 型 ：例 sprechen「話す」→ du sprichst, er spricht

e → ie 型：例 sehen「見る」→ du si**e**hst, er si**e**ht

Der Bus fährt schnell!

fahren

■ 命令形 🎧21

以下の表の通り，命令形には三つのパターンがあります。e → i/ie 型の不規則変化動詞の du に対する命令形は現在人称変化語尾の -st（もしくは -t）を除いた形です。

主語の人称に応じた命令形の作り方

			kommen	sehen	warten	sein（例外）
1	親称 du に対して	動詞の語幹 (+ -e)	Komm(e)!	Sieh(e)!	Warte!	Sei ...!
2	親称 ihr に対して	動詞の語幹 + -t	Kommt!	Seht!	Wartet!	Seid ...!
3	敬称 Sie に対して	動詞の不定詞 + Sie	Kommen Sie!	Sehen Sie!	Warten Sie!	Seien Sie ...!

■ 人称代名詞の格変化 🎧22

既出の名詞や不特定のものを指す場合，代名詞が使用され，名詞の性・数に応じて変わります。

Nina liest einen Roman. **Er** gefällt **ihr** gut.

ニナは一冊の小説を読んでいます。それ（その小説）は彼女（ニナ）の気に入っています。

動詞の **gefallen** は
3格を取るので
注意しよう！

代名詞の格変化

1格	ich	du	Sie	er	sie	es	wir	ihr	sie（複数）
3格	mir	dir	Ihnen	ihm	ihr	ihm	uns	euch	ihnen
4格	mich	dich	Sie	ihn	sie	es	uns	euch	sie

1 次の文の（　）内の語を複数形にしましょう。

1. Welche _____ (Schuh) gehören dir?　どの靴が君のですか？

2. Er kauft drei _____ (Flasche) Wein.　彼は3本のワインを買う。

3. Jetzt wohnen die _____ (Studentin) in Berlin.　学生たちは今ベルリンに住んでいる。

4. Wir kaufen zwei _____ (CD).　私たちは2枚のCDを買う。

5. Morgen besuche ich vier _____ (Museum).　明日私は4つの博物館に行く。

6. Er hat eine Schwester und zwei _____ (Bruder).　彼は一人の妹と二人の兄がいる。

7. Sie nimmt zwei _____ (Buch) aus dem Regal.　彼女は2冊の本を本棚から取り出す。

8. Die _____ (Kind) essen gern Bananen.　その子供たちはバナナが好きだ。

2 次の文の下線部に（　）内の動詞をふさわしい形に直し，[　]には適切な人称代名詞を補いましょう。

1. _____ du den Zug? (nehmen) —Ja, ich nehme [　　　　　].

   君はその列車に乗るの？　ーああ僕はそれに乗るよ。

2. Michael _____ [　　　　　] das Heft. (geben)　ミヒャエルは彼女にそのノートをあげる。

3. _____ du morgen deine Freundin? (sehen) —Ja, ich sehe [　　　　　].

   君は明日友達に会うの？　ーええ，私は彼女に会います。

4. Wohin _____ der Bus? (fahren) —[　　　　　] _____ zum

   Bahnhof.　そのバスはどこに行くの？　ー駅まで行くよ。

5. _____ du [　　　　　] das Buch? (empfehlen)　君はその本を彼に薦めるの？

6. Michael _____ den Kuchen. (essen)　Er schmeckt [　　　　　] gut.

   ミヒャエルはそのケーキを食べる。そのケーキはとてもおいしい。

7. _____ [　　　　　] der Mantel? (gefallen)　彼女にそのコートは気に入りましたか？

8. _____ du den Studenten? (kennen) — Nein, ich kenne [　　　　　] nicht.

   その学生を君は知っている？　ー いいや，僕は彼を知らないよ。

3 次の文を命令文に書き換えましょう。

例：Du kommst zu mir. → **Komm zu mir!**

1. Du fährst nicht zu schnell.　→

2. Ihr esst nicht zu viel.　→

3. Du arbeitest fleißig.　→

4. Sie sind ruhig.　→

5. Ihr sprecht nicht so laut.　→

6. Sie gehen langsam.　→

7. Du sagst die Wahrheit.　→

8. Du liest die Zeitung.　→

◆ Esskultur und Cafés：食文化とカフェ

🎧 23

Woran denkt man beim Stichwort deutsches Essen? Schinken, Würste, Schnitzel, Baumkuchen, Bier und Wein. In den deutschsprachigen Ländern gibt es[1] viele verschiedene Gerichte. Jede Region hat ihre Spezialität, z. B. Eisbein in Berlin, Weißwurst in Bayern, Maultaschen in Baden-Württemberg, Schnitzel in Wien, Geschnetzeltes in Zürich usw. Auch die Desserts aus deutschsprachigen Ländern wie Baumkuchen, Schwarzwälder Kirschtorte, Stollen und Aachener Printen sind weltweit bekannt.

In vielen Städten gibt es besondere Cafés. Vor allem die Wiener Kaffeehäuser sind seit mehr als 300 Jahren als Treffpunkt für Künstler beliebt. Zum Beispiel das Café Central und das Café Griensteidl wurden[2] einst von vielen Literaten besucht, darunter[3] Hoffmannstahl, Schnitzler und Kraus. Seit 2011 gehört die Wiener Kaffeehauskultur zum Immateriellen Kulturerbe der UNESCO[4]. Dort kann man köstlichen Kuchen und aromatischen Kaffee genießen und eine schöne Zeit verbringen[5].

---

1. es gibt＋4格 〜がある　2. wurden 助動詞 werden の過去形。werden＋過去分詞で受動を表す（→ Lektion 9）　3. darunter その中に　4. zum immateriellen Kulturerbe der UNESCO gehören ユネスコ の無形文化遺産に含まれる　5. verbringen 過ごす

ドイツ語で答えてみよう

1. Was sind die typisch deutsche Gerichte?
2. Wofür ist Wien bekannt?
3. Sind die Wiener Kaffeehäuser ein Weltkulturerbe?

● Aktivität 3

1. ✏️ 次の文を，ヒントにあげた語を使ってドイツ語で書きましょう。

1. 彼はそれらの映画 (*pl.* Filme) を彼女に薦める (empfehlen)。

2. 君たち，また私たちに手紙 (*r* Brief) を書いてくれ (schreiben)。　　※ihrに対する命令文

3. 君は彼にこれらの花 (*pl.* Blumen) を送りますか (schicken)？

4. ええ，私はそれら (*pl.* Blumenを言い換えて) を彼に送ります。

5. その車は誰の (wem) ものですか (gehören)？ — それはその先生 (*r* Lehrer) のものです。

6. その学生 (*e* Studentin) は子供たちを助ける(helfen)。

7. 君たちは何を両親 (*pl.* Eltern) にあげますか (geben)？

8. 私たちは彼らにこのケーキをあげます。

2. 👥 次の語を使ってグループワークをしましょう。**du, ihr, Sie**に対する命令文を**3**つ，複数形を含む文を**2**つ作りましょう。

> Bücher, Handschuhe, Eltern, Kinder, Filme,
> Studenten, Blumen, DVDs
> essen, schlafen, sprechen, lesen, geben, nehmen, sein

1. _____ .

2. _____ .

3. _____ .

4. _____ .

5. _____ .

不定冠詞類（所有冠詞・否定冠詞）, 定冠詞類, 前置詞 (1)

● Grammatik 4

■ 不定冠詞類 🎧24

⑴ 所有冠詞：不定冠詞の格変化に類する所有冠詞は格によって形が変化します。また人称語尾がついた場合，口語では unser と euer では語幹の e を省略することが多いです。

ich → mein(私の)　du → dein(君の)　Sie → Ihr(あなたの・あなたたちの)　er → sein(彼の)　sie → ihr(彼女の)　es → sein(それの)　wir → unser(私たちの)　ihr → euer(君たちの)　sie → ihr(彼らの・それらの)

所有冠詞の格変化（例：**mein**「私の」）

	私の息子 (*r* Sohn)	私の娘 (*e* Tochter)	私の子ども (*s* Kind)	私の子どもたち (*pl.* Kinder)
1	**mein** Sohn	**meine** Tochter	**mein** Kind	**meine** Kinder
2	**meines** Sohn(e)s	**meiner** Tochter	**meines** Kind(e)s	**meiner** Kinder
3	**meinem** Sohn	**meiner** Tochter	**meinem** Kind	**meinen** Kindern
4	**meinen** Sohn	**meine** Tochter	**mein** Kind	**meine** Kinder

Mein Vater gibt **meinen** Kindern Schokolade.　　私の父は私の子どもたちにチョコレートを与える。

⑵ 否定冠詞：無冠詞または不定冠詞の付いている名詞を否定する場合には kein を使用し，所有冠詞と同様に不定冠詞に準じた変化をします。

Hast du ein Auto? — Nein, ich habe **kein** Auto.　　君は車を持っている？ ーいいえ，私は車を持っていません。

■ 定冠詞類 🎧25

定冠詞類には，表の dieser「この，これ」以外にも，welcher「どの，どれ」，jeder「各々の」，aller「全ての」，solcher「このような，そのような」などがあり，定冠詞に準じた変化をします。

定冠詞類の格変化

	この映画 (*r* Film)	この花 (*e* Blume)	この本 (*s* Buch)	これらの本 (*pl.* Bücher)
1	**dieser** Film	**diese** Blume	**dieses** Buch	**diese** Bücher
2	**dieses** Film(e)s	**dieser** Blume	**dieses** Buch(e)s	**dieser** Bücher
3	**diesem** Film	**dieser** Blume	**diesem** Buch	**diesen** Büchern
4	**diesen** Film	**diese** Blume	**dieses** Buch	**diese** Bücher

Diese Blume ist schön!

■ 前置詞 (1)：前置詞の格支配 🎧26

2格支配 の前置詞	statt （〜の代わりに）　trotz （〜にもかかわらず） während （〜の間）　wegen （〜のために）
3格支配 の前置詞	aus （〜から）　bei （〜のもとで，〜で）　nach （〜の後で，〜へ） zu （〜へ）　von （〜の）　mit （〜と一緒に）　seit （〜以来）　gegenüber （〜と向かい合って）
4格支配 の前置詞	durch （〜を通って）　für （〜のために）　gegen （〜に対して）　ohne （〜なしで） um （〜の周りに）　bis （〜まで）
3・4格支配 の前置詞	an （〜のきわ）　auf （〜の上）　hinter （〜の後ろ）　in （〜の中）　neben （〜の隣） über （〜を超えて）　unter （〜の下）　vor （〜の前）　zwischen （〜の間）

場所を示す3格：Michael ist **in der Küche**.　　ミヒャエルはキッチンにいます。

方向を示す4格：Michael hat Hunger und geht **in die Küche**.　　ミヒャエルはお腹が減って，キッチンに行きます。

1 次の文の（　）にふさわしい所有冠詞を補いましょう。

1. Wie heißt (　　　　　　　　　　) Hund?　君の犬は何ていう名前？

2. (　　　　　　　　　　) Brüder wohnen in Tokio.　彼女の兄たちは東京に住んでいる。

3. Gehört dieses Auto (　　　　　　　　　　) Großvater?　この車はあなたのお祖父さんのものですか？

4. Er schenkt (　　　　　　　　　　) Vater das Smartphone.　彼は父親にスマホを贈る。

5. Sophia kauft (　　　　　　　　　　) Schwestern diese Bonbons.　ゾフィアは妹たちに飴を買う。

6. Helft ihr (　　　　　　　　) Eltern?　君たちは両親を手伝うの？

7. Wir danken (　　　　　　　　) Großmutter.　私たちはおばあさんに感謝しています。

8. Das Wörterbuch (　　　　　　　　) Bruders ist dick.　私の兄の辞書は分厚い。

2 次の（　）にふさわしい定冠詞類を，［　］には否定冠詞を補いましょう。

1. Er hat jetzt [　　　　　　　　] Zeit.　彼は今時間がない。

2. Wem gehört (　　　　　　　　) Auto dort?　そこにある車は誰のものですか？

3. Sie kauft (　　　　　　　　) Bücher.　彼女はこれらの本を買う。

4. Hast du [　　　　　　　　] Geschwister?　君は兄弟がいないのですか？

5. (　　　　　　　　) Studentin lernt gern Deutsch.　どの学生もドイツ語の勉強が好きだ。

6. (　　　　　　　　) Tag haben wir heute?　今日は何曜日ですか？

7. (　　　　　　　　) Geschäfte in dieser Stadt sind schon geschlossen.
   この町のすべてのお店がもう閉まっている。

8. Die Werke (　　　　　　　　) großen Musiker hört er gern.
   彼はそのような偉大な音楽家の作品を好んで聴く。

3 次の（　）にふさわしい前置詞を補いましょう。

1. Felix kommt (　　　　　　　　) dem Fahrrad (　　　　　　　　) uns.
   フェリックスは自転車で私たちのところへ来る。

2. (　　　　　　　　) der Post und dem Bahnhof steht das Kaufhaus.
   郵便局と駅の間にデパートがある。

3. (　　　　　　　　) meiner Mutter kommt mein Vater.　母の代わりに父が来た。

4. (　　　　　　　　) des Unterrichts schläft der Student.　授業の間，その学生は眠っている。

5. Elias steht (　　　　　　　　) der Bibliothek.　エリアスは図書館の前に立っている。

6. (　　　　　　　　) einem Jahr arbeitet Sophia (　　　　　　　　) BMW .
   一年前からゾフィアはBMWで働いている。

7. Die Katze springt (　　　　　　　　) das Sofa.　猫はソファの上に飛び上がる。

8. (　　　　　　　　) dem Abendessen sieht er ein Baseballspiel im Fernsehen.
   夕食後，彼はテレビで野球の試合を見る。

◆ Industrie und Technik in Deutschland：ドイツの産業と技術

Die deutsche Industrie produziert 29 Prozent des Bruttoinlandprodukts[1] und stellt 26 Prozent der werktätigen Bevölkerung. Nach den USA und Japan ist die deutsche Autoindustrie die drittgrößte[2] der Welt. Deutsche Autos wie Audi, BMW, Mercedes und VW sind in Japan sehr beliebt. Obwohl deutsche Autos in Japan Statussymbole sind, sind diese Marken in Deutschland alltäglicher: BMW- und Mercedes-Benz-Taxis fahren in allen deutschen Städten.

In München befindet sich der Hauptsitz und das Museum von BMW. Das Museum besitzt eine Reihe von Autos, Motorrädern und Rennwagen[3], die seit der Gründung des Unternehmens hergestellt wurden. Es zeigt den Besuchern einen Einblick in das Design und die technische Entwicklung des Betriebs.

Das Deutsche Museum in München ist das größte Wissenschafts- und Technikmuseum der Welt. Besonders sehenswert sind die lebensgroßen Modelle von Uhren, Spieldosen, Dampflokomotiven und Flugzeugen sowie das in einem großen Raum nachgebaute Salzbergwerk.

---

1. Bruttoinlandprodukt 国内総生産、GDP　　2. drittgrößt 三番目に大きい
3. Rennwagen レーシングカー

ドイツ語で答えてみよう

1. Welchen Platz nimmt die deutsche Industrie in der Welt ein?
2. Welches Museum zeigt die Geschichte der Automobilindustrie in München?
3. Was zeigt das Deutsche Museum?

1. 🖊 次の文を，ヒントにあげた語を使ってドイツ語で書きましょう。（動詞，冠詞類はふさわしい形に直すこと）

1. 私たちの叔母 (*e* Tante) は祖父母 (*pl.* Großeltern) のところに住んでいる (wohnen)。

2. 彼女の母は彼女からの (von) 手紙 (*r* Brief) を受け取って (bekommen) いない。

3. 彼女はそれぞれの子供に絵本 (*s* Bilderbuch) を贈る (schenken) 。

4. このシャツ (*s* Hemd) は私にとって気に入っていない (gefallen+3格)。

5. 夏休み (die Sommerferien) の間 (während) 私たちは叔父のところに住む。

6. このバス (*r* Bus) で私たちは海 (*s* Meer) へ (an) 行く (fahren)。

7. 郵便局 (*e* Post) と書店 (*e* Buchhandlung) の間にはパン屋 (*e* Bäckerei) がある。

8. このバッグ (*e* Tasche) はその子供にとって (für) あまりに重すぎる (schwer)。

2. 👥 次の語を使ってグループワークをしましょう。前置詞および定冠詞類，不定冠詞類を含む文を**5**つ作りましょう。

> während, zwischen, für, auf, unter, zu, aus, von, vor, hinter
> dieser, welcher, jeder, aller,
> mein, dein, sein, ihr, euer, unser, kein

1. _____ .

2. _____ .

3. _____ .

4. _____ .

5. _____ .

05 前置詞 (2)，話法の助動詞，接続詞

● Grammatik 5

■ 前置詞 (2)：前置詞の融合 🎧28

1）前置詞と定冠詞の融合：前置詞の後ろに来る名詞の指示性が弱い（特定の事物を指していない），もしくは慣用的な言い回しである場合には，前置詞と定冠詞が融合します。

前置詞の融合形	an das → ans　　an dem → am　　bei dem → beim　　in das → ins　　in dem → im von dem → vom　　zu dem → zum　　zu der → zur　など

Noah geht oft **ins** Konzert.　ノアはよくコンサートへ行きます。

2）前置詞と人称代名詞の融合：前置詞の目的語が事物を指す人称代名詞のとき「da + 前置詞」になります。

Ich bekomme das Fahrrad von einem Freund und bezahle 50 Euro **dafür** (für es = das Fahrrad).
私は友人から自転車をもらい，それ（その自転車）に50ユーロ支払った。

■ 話法の助動詞 🎧29

動詞に対して主観的な意味などを付加する助動詞を**話法の助動詞**と呼びます。助動詞は主語に応じて人称変化して文中では常に**2番目**に置かれ，動詞（不定詞）は**文の最後**に来ます。また，動詞を省略して助動詞のみで使用することもできます。

nicht＋dürfen「禁止」
nicht＋müssen「不必要」

Kannst du Auto **fahren**?　　君は車を運転できますか？
Hier **darf** man nicht **parken**.　ここでは駐車してはいけません。
Ich **möchte** einen Kaffee.　　コーヒーを一杯いただきたいです。 Kaffee, bitte!

	können	müssen	sollen	wollen	dürfen	mögen	möchte
	～できる	～しなければならない	～すべきである	～するつもりである	～してもよい	～が好き、～かもしれない	～したい
ich	kann	muss	soll	will	darf	mag	möchte
du	kannst	musst	sollst	willst	darfst	magst	möchtest
er sie es	kann	muss	soll	will	darf	mag	möchte
wir	können	müssen	sollen	wollen	dürfen	mögen	möchten
ihr	könnt	müsst	sollt	wollt	dürft	mögt	möchtet
sie Sie	können	müssen	sollen	wollen	dürfen	mögen	möchten

■ 接続詞：並列接続詞と従属接続詞 🎧30

接続詞には並列接続詞と従属接続詞があります。従属接続詞は副文を主文に接続する働きを持ち，従属接続詞を伴う副文（従属節）内の動詞や助動詞は**節の最後**に置かれます。

並列接続詞	und（そして）　aber（しかし）　oder（または）　denn（というのは…だから）　など
従属接続詞	als（…のとき）　dass（…ということ）　ob（…かどうか）　obwohl（…にもかかわらず） während（…の間）　wenn（…のとき，…ならば）　weil（…なので）　など

Wir haben heute frei **und** gehen im Park spazieren, **weil** das Wetter schön ist.
今日は休みで，天気もいいので私たちは公園で散歩をします。

● Übungen 5

1 文末の（　）内の話法の助動詞をふさわしい形にして補いましょう。

1. （　　　　） du gut Klavier spielen?　君は上手にピアノを弾くことができますか？（können）

2. Sophia （　　　　） heute zu Hause bleiben.　ゾフィアは今日家にいなければならない。（müssen）

3. Was （　　　　） ich machen?　私は何をしたらいいでしょうか？（sollen）

4. （　　　　） Sie Kaffee trinken?　あなたもコーヒーを飲みますか？（möchte）

5. Der Bahnhof （　　　　） nicht mehr weit sein.　駅はもう遠くないでしょう。（können）

6. Er （　　　　） Recht haben.　彼の言う通りかもしれない。（mögen）

7. Ihr （　　　　） nicht draußen spielen.　君たちは外で遊んではいけない。（dürfen）

8. Ich （　　　　） nächste Woche Urlaub machen.　私は来週休暇を取るつもりだ。（wollen）

2 次の（　）に当てはまる接続詞を補いなさい。

1. Ich weiß nicht, （　　　　） er zu Hause ist.　私は彼が家にいるかどうか知らない。

2. Er muss zum Arzt gehen, （　　　　） er Rückenschmerzen hat.

   彼は腰痛のため，医者に行かなければならない。

3. （　　　　） das Wetter schön ist, gehen wir spazieren.　天気が良ければ私たちは散歩に出かける。

4. （　　　　） Maria die Hausaufgaben macht, sieht Elias fern.

   マリアが宿題をしている間，エリアスはテレビを見る。

5. Es ist sicher, （　　　　） Herr Müller heute nicht kommt.

   ミュラーさんが今日来ないことはたしかだ。

6. Ich mache schnell die Hausaufgaben, （　　　　） das Fussballspiel beginnt.

   サッカーの試合が始まる前に私はいそいで宿題をする。

7. （　　　　） er arm ist, ist er glücklich.　彼は貧しいけれども幸福だ。

8. （　　　　） er Kind war, wohnte er in Berlin.　(*warはseinの過去形，wohnteはwohnenの過去形)

   彼が子供の時，ベルリンに住んでいた。

3 次の語を並べ替えて文を作りましょう。動詞，助動詞は適切な形に変化させること。

1. ［sie/ kommen/ heute/ können/ ob/ wissen/ wir / nicht/.］
   彼女が今日来ることができるかどうか，私たちは知らない。

2. ［ich/ ihr/ sagen/ dass/ für/ die Prüfung/ am Wochenende/ müssen/ lernen/.］
   私は彼女に，私は週末に試験のために勉強しなければならないと言った。

3. ［wenn/ du/ Hausaufgaben/ machen/ nicht/ dürfen/ du/ nicht/ gehen/ spielen/.］
   君は宿題をやらないかぎり，遊びに行ってはならない。

4. ［weil/ haben/ Lust/ er/ kein/ gehen/ er/ nicht/ ins Kino/.］
   彼は意欲がないので，映画には行かない。

5. ［da/ können/ nicht/ er/ zu mir/ er/ müssen/ arbeiten/ noch/.］
   彼はまだ仕事をしなければならないので、私のところに来ることはできない。

6. ［obwohl/ haben/ sie/ nicht viel/ Zeit/ sie/ helfen/ mir/.］
   彼女はあまり時間がないにも関わらず，私を手伝ってくれる。

◆ **Fernweh und Heimweh：旅する気持ちとホームシック**

Während der Urlaubszeit wollen einige Leute zu Hause bleiben, viele Leute aber wollen in die Ferne fahren. Kennt ihr das Wort „Fernweh"? Fernweh ist ein Gefühl. Man bekommt Fernweh, wenn man unbedingt in die Ferne reisen will. Nach dem Urlaub ist man manchmal traurig und denkt schon darüber nach[1], wohin man als nächstes reisen will.

Rund 90 Millionen Deutsche reisen jährlich ins Ausland. Das bedeutet, dass jeder Bürger im Durchschnitt einmal pro Jahr ins Ausland reist. Die Hauptziele sind die europäischen Länder. Die Deutschen fahren zum Beispiel nach Spanien, Italien, Österreich sowie in die Türkei. In Deutschland gibt es auch viele Sehenswürdigkeiten[2]. Mehr als 13,5 Millionen Menschen besuchten im Jahr 2018 Berlin. Reisen ist für die Deutschen ein wichtiger Teil des Lebens. Wenn man reist, denkt man jedoch oft an seine Heimat. Und wenn die Reise sehr lang ist, denkt man vielleicht die ganze Zeit daran. Das kann „Heimweh" sein. Heimweh ist das Gegenteil von Fernweh und der Wunsch[3] in der Fremde, wieder zu Hause zu sein.

Wenn man in die Ferne reist, kann man gut verstehen, dass es zu Hause gemütlich ist. Wohin möchtet ihr reisen?

---

1. über ... nachdenken 〜について考える（分離動詞 →Lektion 6）　**2.** Sehenswürdigkeit 名所
3. Wunsch 願い

ドイツ語で答えてみよう

1. Was ist Fernweh?
2. Wie viele Leute in Deutschland reisen jedes Jahr ins Ausland?
3. Wohin verreisen die Deutschen meistens?

1. 🖊 次の文を，ヒントにあげた語を使ってドイツ語で書きましょう。（動詞，冠詞類はふさわしい形に直すこと）

1. 君は彼女が今日パーティーに (auf die Party) 来るかどうか知っていますか (wissen)？

2. 彼にすぐ (sofort) 私のところに (mir) 来てほしい (sollen)。

3. エリアスはチーズが好きではない (mögen nicht) ので (weil)，ピザ (Pizza) を食べない。

4. 雪が降っている (schneien) にもかかわらず (obwohl)，彼らは遠足に出かける (Ausflug machen) つもりだ。　　　　　　　　　　　　　　＊天候をあらわすとき形式主語はes

5. 彼女がフランス語 (Französisch) を話せるということ (dass) は，私たちも知っている。

6. 私は今日映画を見に行き (ins Kino gehen) たい。

7. 彼が図書館で (in der Bibliothek) 勉強しなければ (lernen) ならないというのに (während)，彼女は居酒屋に (in die Kneipe) 行っている。

8. 君がクラシック音楽 (klassische Musik) を聴く (hören) のが好き (gern) ならば (wenn)，私といっしょに (mit mir zusammen) コンサートに (ins Konzert) 行きませんか (möchte)？

2. 👥 次の語を使って，グループワークをしましょう。副文を含む文2つ，助動詞を含む文3つを作りましょう。

> wenn, obwohl, weil, dass, ob,
> können, wollen, sollen, müssen

1. _____ .

2. _____ .

3. _____ .

4. _____ .

5. _____ .

分離動詞と非分離動詞,
zu 不定詞, 再帰動詞

● **Grammatik 6**

■ 分離動詞と非分離動詞 🎧32

動詞に**前綴り**を加えると別の意味を持つ複合動詞となります。たとえば，動詞 kommen（来る）の前に
an を付けた ankommen は「到着する」という意味です。
複合動詞には，前綴りを分離できる**分離動詞**，分離できない
非分離動詞があります。

Der Bus kommt zu spät an.

分離動詞：　Ich **komme** heute um 17 Uhr in Shibuya **an**.　　私は今日17時に渋谷に到着します。
　　　　　　　基礎となる動詞は主文の二番目に置かれ，文末の前綴りにはアクセントが置かれます。

非分離動詞：Was **bekommen** Sie?　　　　　　　　　　　注文は何になさいますか？
　　　　　　　前綴りが分離することはなく，アクセントも置かれません。非分離動詞となる前綴りは，
　　　　　　　主に be-, emp-, ent-, er-, ge-, ver-, zer- などがあります。

■ **zu 不定詞** 🎧33

zu 不定詞は，英語の to 不定詞と似た意味を持っていますが，名詞や副詞などは zu 不定詞の前に来ます。
例：「ドイツ語を一生懸命学ぶこと」Deutsch fleißig zu lernen（英：to learn German hard）

名詞的用法：　**Deutsch fleißig zu lernen** ist wichtig.　　ドイツ語を一生懸命学ぶのは重要だ。
形容詞的用法：Hast du heute Abend Zeit, **mit mir ins Kino zu gehen**?
　　　　　　　　今晩私と映画を見に行く時間ある？
　　　　　　　　Ich habe gerade keine Lust, **so früh aufzustehen**.
　　　　　　　　私は今こんなに早く起床したくありません。
副詞的用法：　Meine Großeltern fahren drei Stunden Auto, **um uns zu besuchen**.
　　　　　　　　私たちのところを訪れるために，私の祖父母は3時間かけて車で運転してくる。

分離動詞と一緒に使われる場合，前綴りと動詞の間に zu が来ます。（例：aufzustehen）
副詞的用法では，um などの前置詞を伴って表現します。

■ **再帰動詞** 🎧34

再帰動詞は再帰代名詞を伴って特定の意味を表す動詞です。再帰代名詞は主語と同じものを示す代名詞で，
人称代名詞と一部共通していますが，二人称敬称と三人称の形が異なります。

再帰代名詞

1格	ich	du	er	sie	es	Sie	wir	ihr	sie（複数）
3格	mir	dir	sich	sich	sich	sich	uns	euch	sich
4格	mich	dich	sich	sich	sich	sich	uns	euch	sich

Meine Tochter **freut sich auf** die Sommerferien.　　私の娘は夏休みを楽しみにしています。
Erinnerst du **dich an** die Nacht im September?　　君はあの9月の夜のことを覚えてる？
Er **interessiert sich für** Literatur und Filme.　　彼は文学と映画に興味があります。

1 次の文の下線部に（　）の分離動詞を適切な形に直して入れましょう。

1. Wann _____ das Konzert _____ ? (anfangen)
   いつそのコンサートは始まりますか？

2. Maria ihn heute _____ . (anrufen)　マリアは今日彼に電話をかける。

3. Elias _____ heute Nachmittag an dem Seminar _____ . (teilnehmen)
   エリアスは今日の午後ゼミに参加する。

4. Wann _____ der Bus in Kyoto _____ ? (ankommen)
   いつバスは京都に着くのですか？

5. _____ du am Samstag schon etwas _____ ? (vorhaben)
   君はもう土曜日に何か予定がありますか？

6. Die Party _____ bei Elias _____ . (stattfinden)
   パーティーはエリアスのところで開かれる。

2 次の［　］内の語を並べ替えて，それぞれの文に続く zu 不定詞句を補いましょう。

1. Er hat keine Zeit, _____ .　彼は私と映画に行く時間がない。
   [mir/ gehen/ ins/ Kino/ mit/ zu]

2. Sie geht heute in die Stadt, _____ .
   彼女は今日母親と買い物をするために街に行く。
   [mit/ ihrer Mutter/ zu/ einkaufen/ um]

3. Es ist schwer, _____ .　毎朝早く起きることは難しい。
   [jeden Morgen/ früh/ aufstehen/ zu]

4. Er hat vor, _____ .　彼は日曜日に部屋を片付ける予定だ。
   [am Sonntag/ das Zimmer/ aufräumen/ zu]

5. _____ macht mir viel Spaß.　ドイツ語を学ぶことは私にとってとても楽しい。
   [lernen/ zu/ Deutsch]

6. _____ bleibt sie heute zu Hause.
   彼女は映画を見に行く代わりに，家に留まる。
   [statt/ zu/ ins Kino/ gehen]

3 次の（　）に当てはまる再帰代名詞および前置詞を補いましょう。

1. Ich interessiere (　　　) (　　　) die Geschichte von Deutschland.
   私はドイツの歴史に興味がある。

2. Wir freuen (　　　) (　　　) die Sommerferien.　私たちは夏休みを楽しみにしている。

3. Elias wäscht (　　　) .　エリアスは自分の体を洗う。

4. Erinnerst du (　　　) (　　　) deine Großmutter?　おばあさんのことを君は覚えている？

5. Ich muss (　　　) beeilen.　私はいそがなくてはならない。

6. Das Kind setzt (　　　) (　　　) den Boden.　その子供は地面に座る。

Thema 6　教育制度

Hochschulen und Universitäten in Deutschland：ドイツの高等教育

 35

Die Hälfte aller jungen Menschen in Deutschland studieren an einer Hochschule oder einer Universität. Im Gegensatz zu den japanischen Universitäten braucht man keine Aufnahmeprüfung zu machen; das Abitur[1], das am Ende des Gymnasiums abgelegt wird, ist die Voraussetzung für das Studium.

Es gibt nicht so viele private Universitäten wie in Japan oder in den USA, und die meisten Universitäten sind staatlich. Die staatliche Universitäten sind gebührenfrei.

Studierende haben in Deutschland viele Privilegien. Sie genießen Ermäßigungen bei der Bahn und in Kultureinrichtungen[2] und haben Zugang zu günstigen Studentenwohnheimen und Mensen[3] an Universitäten. Viele Studierende wohnen auch in billigen Wohngemeinschaften (WG). Wegen dieser Vorteile sind die deutschen Hochschulen und Universitäten bei internationalen Studierenden sehr attraktiv, denn sie kommen jedes Jahr aus vielen Ländern, um in Deutschland zu studieren. Wenn ihr euch für ein Studium im Ausland interessiert, solltet ihr über ein Studium in Dentschland nachdenken.

---

1. Abitur 大学入学資格試験　**2.** Kultureinrichtung 文化施設　**3.** Mensen 学食 (Mensa)の複数形

ドイツ語で答えてみよう

1. Gibt es an deutschen Universitäten Aufnahmeprüfungen?
2. Sind die meisten deutschen Universitäten staatlich oder privat?
3. Welche Privilegien genießen Studierende an deutschen Universitäten?

● Aktivität 6

1. ✏️ 次の文を，ヒントにあげた語を使ってドイツ語で書きましょう。（動詞，冠詞類，再帰代名詞等はふさわしい形に直すこと）

1. 彼女は夏休みに (in den Sommerferien) ドイツへ行く (fahren) ことを予定している（vorhaben）。

2. 私は残念ながら (leider) パーティーに (auf die Party) 行く時間がない。

3. 彼はスマートフォンを買う (kaufen) ために，街へ (in die Stadt) 行く。

4. 毎日 (jeden Tag) 野菜 (Gemüse) を食べることは，健康的だ (gesund)。

5. そのケーキはとても美味しそう (lecker) に見える (aussehen)。

6. 8時に私は朝食 (das Frühstück) の支度をする (vorbereiten)。

7. 君はどの映画 (r Film) を私に薦めます (empfehlen) か？

8. 彼女はそのプレゼント (s Geschenk) をとても喜んだ（sich über 4格 freuen）。

2. 👥 次の語を使って，グループワークをしましょう。分離動詞を含む文を1つ，非分離動詞を含む文を1つ，zu 不定詞を含む文を2つ，再帰動詞を含む文を2つ作りましょう。

> ankommen, verstehen, bekommen, zurückkommen,
> mitbringen, mitkommen, vorhaben, einladen, abfahren,
> einkaufen, sich freuen, sich erinnern, sich interessieren

1. _____ .

2. _____ .

3. _____ .

4. _____ .

5. _____ .

動詞の三基本形，過去形，現在完了形

● Grammatik 7

■ 動詞の三基本形 🎧36

不定詞，過去基本形，過去分詞を動詞の三基本形と呼び，規則変化をするものと不規則変化をするものがあります。規則変化動詞では，過去基本形は「語幹＋-te」，過去分詞は「ge＋語幹＋-t」に変化します。

規則変化動詞			不規則変化動詞		
不定詞	過去基本形	過去分詞	不定詞	過去基本形	過去分詞
lernen	lernte	**gelernt**	kommen	kam	**gekommen**
reisen	reiste	**gereist**	stehen	stand	**gestanden**
arbeiten	arbeitete	**gearbeitet**	denken	dachte	**gedacht**

■ 過去形 🎧37

sein や haben 動詞を用いた過去表現や，物語や新聞などで現在と無関係な過去の出来事を記述する場合には過去形が好まれます。sein や haben，kommenなどのように不規則変化をするものもあります。

過去形の規則変化（例：**lernen**）

ich lernte	wir lernten
du lerntest	ihr lerntet
er sie lernte es	sie Sie lernten

sein「～である」の過去形

ich war	wir waren
du warst	ihr wart
er sie war es	sie Sie waren

haben「～を持つ」の過去形

ich hatte	wir hatten
du hattest	ihr hattet
er sie hatte es	sie Sie hatten

■ 現在完了形 🎧38

過去のできごとを述べる場合，ドイツ語では現在完了形を多く使用します。現在完了形では，文中では**haben か sein の現在人称変化した形**が2番目に置かれ，動詞の**過去分詞**が文末に来ます。 多くの動詞はhaben を使用しますが，4格の目的語をとらず，場所の移動や状態の変化を示す動詞は sein を使います。過去分詞の形は巻末の表を見て確認しましょう。

Ich **habe** letztes Jahr Italien **besucht**.　　　　　私は昨年イタリアを訪れた。（haben 支配）

Mein Sohn **ist** gestern spät nach Hause **gekommen**.　私の息子は昨日遅く帰ってきた。

（移動や変化を示す動詞 → sein 支配）

分離動詞・非分離動詞，-ieren 型の動詞の3基本形には注意しましょう。分離動詞の過去分詞では，接頭辞の ge- は前綴りと動詞の間に入ります。

Wann bist du gestern Abend am Bahnhof **angekommen**？　昨晩，何時に駅に到着したの？

不定詞	過去基本形	過去分詞
ankommen	kam … an	angekommen
bekommen	bekam	bekommen
studieren	studierte	studiert

Der Zug ist gerade
angekommen !!

1 次の動詞の過去基本形，過去分詞を答えましょう。

不定詞	sagen	sprechen	essen	gehen	fahren	aufstehen
過去基本形						
過去分詞						

2 次の文の下線部に，（　）内の動詞の過去形を補いましょう。

1. Gestern _____ ich Fieber. (haben)　昨日私は熱があった。

2. Der Mann _____ die Frau. (lieben)　その男性はその女性を愛していた。

3. Als Kind _____ Elias in Berlin. (wohnen)
   子どものころエリアスはベルリンに住んでいた。

4. Meine Mutter _____ zu Hause arbeiten. (müssen)
   母は家で働かなければならなかった。

5. Um 7 Uhr _____ Felix _____ . (aufstehen)
   フェリックスは7時に起きた。

6. Goethe _____ 1774 seinen Roman „Die Leiden des jungen Werthers".
   (schreiben)　ゲーテは1774年に小説『若きヴェルターの悩み』を書いた。

7. Thomas Mann _____ 1929 den Nobelpreis für Literatur. (bekommen)
   トーマス・マンは1929年にノーベル文学賞を受賞した。

8. Die Brüder Grimm _____ ab 1806 Märchen. (sammeln)
   グリム兄弟は1806年からメルヒェンを収集した。

3 次の文の下線部に，完了の助動詞と（　）内の動詞の過去分詞を補いましょう。

1. Wohin _____ du in den Ferien _____ ? (fahren)　君は休暇にどこへ行ったの？

2. Was _____ ihr gestern Abend _____ ? (essen)　君たちは昨晩何を食べたの？

3. Midori _____ drei Jahre in Deutschland _____ . (studieren)
   ミドリは3年間ドイツで学んでいた。

4. Der Zug _____ um 8 Uhr in Osaka _____ . (ankommen)
   列車は8時に大阪に到着した。

5. Takuya _____ in Berlin an einem Sprachkurs _____ . (teilnehmen)
   タクヤはベルリンで語学コースに参加した。

6. Sophia _____ ihrer Mutter _____ . (helfen)　ゾフィアは母親を手伝った。

7. Was _____ du deinem Vater zum Geburtstag _____ ? (schenken)
   君はお父さんの誕生日に何を贈ったの？

8. Wie lange _____ er in Japan _____ ? (wohnen)
   彼はどのくらい日本に住んでいたの？

◆ **Berlin：ベルリン**

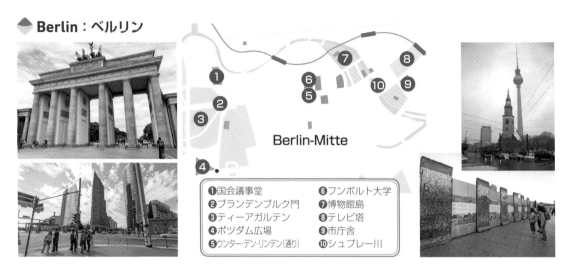

Berlin-Mitte

❶国会議事堂　　　❻フンボルト大学
❷ブランデンブルク門　❼博物館島
❸ティーアガルテン　　❽テレビ塔
❹ポツダム広場　　　❾市庁舎
❺ウンター・デン・リンデン(通り)　❿シュプレー川

Hier ist eine Karte von Berlin-Mitte. Das Wort „Mitte" bedeutet auf Englisch "middle",
es ist also wirklich die Mitte der Stadt.

In diesem Stadtteil befinden sich[1] die wichtige Gebäude und Orte wie der Reichstag[2],
der Fernsehturm[3], die Marienkirche, das Brandenburger Tor und der Potsdamer Platz.
Hier gibt es auch akademische Institutionen wie die Humboldt-Universität und das
Robert Koch-Institut. Auch Mori Ogai wohnte in der Nähe der Straße „Unter den
Linden", als er in Berlin studierte.

Die Spree fließt[4] durch die Stadt Berlin. In diesem Fluss liegt eine Insel, die Spreeinsel.
Der nördliche Teil der Spreeinsel wird wegen der vielen Museen auch „Museumsinsel"
genannt. In Jahr 1999 wurde die Museumsinsel zum UNESCO-Weltkulturerbe ernannt.
Im Westen des Bezirks Mitte liegt das Denkmal[5] für die ermordeten Juden Europas. Es
wurde zur Erinnerung an den Holocaust erbaut.

---

1. sich befinden ～にある　　**2.** Reichstag 国会議事堂　　**3.** Fernsehturm テレビ塔
4. flieten (川などが) 流れる　　**5.** Denkmal 記念碑

ドイツ語で答えてみよう

1. In welchem Stadtteil in Berlin ist der Reichstag?
2. Wo in Berlin wohnte Mori Ogai?
3. Was gibt es auf dem nördlichen Teil der Spreeinsel?

1. (✐) 次の文を，ヒントにあげた語を使ってドイツ語で書きましょう。(動詞，冠詞類はふさわしい形に直すこと)

    1. ミヒャエルは週末 (am Wochenende) ミュンヘンにいました (sein)。(過去形を用いて)

    2. 私は黒い犬 (einen schwarzen Hund) を飼っていた (haben)。(過去形を用いて)

    3. 庭に一本の大きな木 (ein großer Baum) が立っていた (stehen)。(過去形を用いて)

    4. 君は私にテディベア (Teddybär) をくれました (schenken)。(現在完了形を用いて)

    5. 君たちはすでに (schon) 昼食を食べましたか (essen)？(現在完了形を用いて)

    6. あなたは今朝何時に起床しましたか (aufstehen)？(現在完了形を用いて)

    7. 私は昨日一通の手紙を受け取った (bekommen)。(現在完了形を用いて)

    8. 彼女は先週 (letzte Woche) 父親と映画館に行った (ins Kino gehen)。(現在完了形を用いて)

2. (👥) 次の語を使って，グループワークをしてみましょう。過去形を含む文2つ，現在完了形を含む文3つを作りましょう。

> sein, haben, trinken, machen, essen,
> ankommen, gefallen, besuchen, denken, helfen

    1. _____ .

    2. _____ .

    3. _____ .

    4. _____ .

    5. _____ .

● Grammatik 8

■ 形容詞 🎧 40

形容詞には述語的用法と付加語的用法があり，さらに副詞として使用することもできます。

Die Antwort ist **richtig**. その答えは正しいです。（述語的用法）

Das ist **eine richtige Antwort**. それは正しい答えです。（付加語的用法）

Sie ist **richtig** nett. 彼女は本当に親切です。（副詞的用法）

Schwarze Katze

付加語的用法は名詞を修飾し，形容詞が格変化をします。名詞の性・数・冠詞の有無に応じて，（1）強変化，（2）弱変化，（3）混合変化の3つがあります。

(1) 強変化：形容詞＋名詞（無冠詞で使用される場合）

	新鮮なサラダ（r Salat）	黒い猫（e Katze）	冷たい食事（s Essen）	古い絵画（pl. Bilder）
1格	frischer Salat	schwarze Katze	kaltes Essen	alte Bilder
2格	frischen Salat(e)s	schwarzer Katze	kalten Essens	alter Bilder
3格	frischem Salat	schwarzer Katze	kaltem Essen	alten Bildern
4格	frischen Salat	schwarze Katze	kaltes Essen	alte Bilder

(2) 弱変化：定冠詞（類）＋形容詞＋名詞

	大きい机（r Tisch）	あたたかいスープ（e Suppe）	赤い車（s Auto）	美しい山々（pl. Berge）
1格	der große Tisch	die warme Suppe	das rote Auto	die schönen Berge
2格	des großen Tisch(e)s	der warmen Suppe	des roten Autos	der schönen Berge
3格	dem großen Tisch	der warmen Suppe	dem roten Auto	den schönen Bergen
4格	den großen Tisch	die warme Suppe	das rote Auto	die schönen Berge

(3) 混合変化：不定冠詞（類）＋形容詞＋名詞

	暑い日（r Tag）	新しい音楽（e Musik）	小さな女の子（s Mädchen）	彼女の古い本（pl. Bücher）
1格	ein heißer Tag	eine neue Musik	ein kleines Mädchen	ihre alten Bücher
2格	eines heißen Tag(e)s	einer neuen Musik	eines kleinen Mädchens	ihrer alten Bücher
3格	einem heißen Tag	einer neuen Musik	einem kleinen Mädchen	ihren alten Büchern
4格	einen heißen Tag	eine neue Musik	ein kleines Mädchen	ihre alten Bücher

■ 序数 🎧 41

序数（第〜の，〜番目の）は，19までは数字に -t を，20以上では -st を付けます。

1.	**erst**	2.	zweit	3.	**dritt**	4.	viert	5.	fünft	6.	sechst
7.	siebt	8.	**acht**	9.	neunt	10.	zehnt	11.	elft	12.	zwölft
13.	dreizehnt	14.	vierzehnt	19.	neunzehnt	20.	zwanzigst	21.	einundzwanzigst	30.	dreißigst

Heute ist der 3. (dritte) Januar. 今日は1月3日です。

1 下線部に適切な形容詞の語尾を補いましょう。

1. Sie hat groß＿＿ Hunger.　彼女はとてもお腹が空いている。

2. Er trinkt gern schwarz＿＿ Kaffee.　彼はブラックコーヒーを好んで飲む。

3. Heute haben wir schön＿＿ Wetter.　今日はよい天気だ。

4. Michael isst jeden Morgen frisch＿＿ Obst.　ミヒャエルは毎朝新鮮な果物を食べる。

5. Meine Mutter trinkt gern grün＿＿ Tee.　母は緑茶を好んで飲む。

2 下線部に適切な形容詞の語尾を補いましょう。

1. Er wohnt in dem groß＿＿ Haus.　彼はその大きな家に住んでいる。

2. Wem gehört diese blau＿＿ Tasche?　この青いかばんは誰のものですか？

3. Paul hilft dem klein＿＿ Kind.　パウルはその小さな子供を助ける。

4. Dieser neu＿＿ Computer gefällt mir gut.　この新しいコンピューターを私は気に入っている。

5. Sie kauft ihm diese rot＿＿ Handschuhe.　彼女は彼にこの手袋を買う。

3 下線部に適切な形容詞の語尾を補いましょう。

1. Ich habe eine weiß＿＿ Katze.　私は白いネコを飼っている。

2. Er hat sich ein neu＿＿ Fahrrad gekauft.　彼は新しい自転車を買った。

3. Mein Vater kommt mit seinem alt＿＿ Auto zu mir.　父は古い車で私のところへ来る。

4. Sie schenkt mir einen schwarz＿＿ Pullover.　彼女は私に黒いセーターを贈る。

5. Mein Bruder spielt jeden Tag mit seinem klein＿＿ Hund.　兄は毎日彼の子犬と遊ぶ。

4 下線部に（　）内の形容詞，副詞の比較級または最上級を補いましょう。

1. Die Donau ist ＿＿＿＿＿＿＿＿＿ als der Rhein. (lang)

2. Paul ist zwei Jahre ＿＿＿＿＿＿＿＿＿ als Elias. (alt)

3. Er trinkt ＿＿＿＿＿＿＿＿＿ Bier als Wein. (gern)

4. Midori ist die ＿＿＿＿＿＿＿＿＿ Schülerin in der Klasse. (klein)

5. Der Fuji ist der ＿＿＿＿＿＿＿＿＿ Berg in Japan. (hoch)

6. Sophia singt von allen am ＿＿＿＿＿＿＿＿＿ . (gut)

5 下線部に（　）内の序数をアルファベートにして，補いましょう。

1. Ich habe am ＿＿＿＿＿＿＿＿＿ (5.) Juli Geburtstag.　私は7月5日生まれです。

2. Heute haben wir den ＿＿＿＿＿＿＿＿＿ (14.) August.　今日は8月14日です。

3. Wir leben im ＿＿＿＿＿＿＿＿＿ (21.) Jahrhundert.　私たちは21世紀に生きている。

4. Am ＿＿＿＿＿＿＿＿＿ (8.) März ist Paul nach München gefahren.
   パウルは3月8日にミュンヘンへ行った。

5. Er feiert heute seinen ＿＿＿＿＿＿＿ ＿＿＿＿＿ (40.) Geburtstag.　彼は今日40歳の誕生日を祝う。

◆ **Philosophie und Freuds Psychoanalyse：哲学とフロイトの精神分析**

Deutschland ist seit langem als das Land der Dichter und Denker bekannt. Berühmte Philosophen wie Kant, Hegel, Marx, Nietzsche und Heidegger haben über verschiedene Aspekte der menschlichen Existenz nachgedacht und diskutiert.

Man kann sagen, dass Freuds Psychoanalyse[1] diese philosophischen Traditionen des deutschsprachigen Kulturraums[2] mit der naturwissenschaftlichen Methode verbunden hat. Freud studierte zunächst Neuroanatomie[3] an der medizinischen Fakultät der Universität Wien, später versuchte er sich als Praktiker in der Psychotherapie[4] der Hysterien. Freud ließ den Patienten frei sprechen, und das, was der Patient nicht sagen oder an was er sich nicht erinnern konnte, spiegelte die Ursache seiner eigenen Krankheit wider.

Aus dieser Freudschen Methodik entwickelte sich die Traumdeutung und die berühmte These, dass der Traum eine Wunscherfüllung[5] ist.

---

1. Psychoanalyse 精神分析　**2.** Kulturraum 文化圏　**3.** Neuroanatomie 神経解剖学
4. Psychotherapie 心理療法　**5.** Wunscherfüllung 欲望成就

（ ドイツ語で答えてみよう ）

1. Wofür ist Deutschland bekannt?

2. Wie hat Freud die Hysterie behandelt?

3. Was besagt eine berühmte These Freuds?

　文法メモ3 ▶ **比較級・最上級**

比較表現は「比較級＋als」を使います。最上級には「定冠詞＋最上級 -e(n)」および「am＋最上級 -en」の二つの形があります。

Der Mont Blanc ist **höher als** das Matterhorn.　モンブランはマッターホルンより高い。

Das ist **die größte** Kirche in der Welt.　これが世界で一番大きな教会です。

In dieser Schule spielt er **am besten** Klavier.　この学校で彼が一番ピアノが上手です。

1. 📝 次の文を，ヒントにあげた語を使ってドイツ語で書きましょう。（動詞，冠詞類はふさわしい形に直すこと）

1. この黒い (schwarz) スーツ (r Anzug) は彼によく似合っている (stehen＋3格)。

2. この赤い (rot) ジャケット (e Jacke) は誰のものです (gehören) か？
   ―それはその小さな (klein) 女の子 (s Mädchen) のものだよ。

3. 私はある単語 (s Wort) を私の新しい辞書 (s Wörterbuch) で調べる (in＋3格 nachschlagen)。

4. 私はそのよいホテル (s Hotel) に宿泊する (in＋3格 übernachten)。

5. 君たちの中で (von euch allen) 一番若いのはエリアスですか？

6. 横浜は大阪よりも大きい (groß) ですか？

7. そのワイン (r Wein) はそのビール (s Bier) よりも安い (billig) ですか？

8. 彼はその映画を最も好む（最も好んで見る）。

2. 👥 次の語を使って，グループワークをしましょう。形容詞の付加語的な用法を含む文を2つ，比較級を含む文を2つ，最上級を含む文を1つ作りましょう。

> blau, rot, schwarz, jung, alt, kein, groß, lang, kurz, warm,
> kalt, schön, gern, hoch, neu, gut, schlecht, billig, teuer

1. _____ .

2. _____ .

3. _____ .

4. _____ .

5. _____ .

受動態，関係代名詞

● Grammatik 9

■ 動作受動 🎧43

助動詞 werden を用いた受動態（動作受動）では，能動態で4格目的語であった名詞句が主語となり，文の2番目には werden の定形がきて，動詞の過去分詞が文末に置かれます。

Meine Mutter schließt das Fenster.
私の母はその窓を閉じる。[能動態]

Das Fenster **wird** von meiner Mutter **geschlossen**.
その窓が母によって閉じられる。[受動態（von＋人・動物）]

Das Fenster **wird** durch den starken Wind **geschlossen**.
その窓が強い風によって閉じられる。[受動態（durch＋原因となる事物）]

werden 受動態では，能動態で3格目的語となる名詞句は主語となることができないため，受動態でも3格目的語のまま置かれます。bekommen＋過去分詞を用いると，「～してもらう，～される」といった意味になります。

Ein Stuhl **wird** ihr **geschenkt**.　彼女はイスをプレゼントしてもらう。

Sie **bekommt** einen Stuhl **geschenkt**.

■ 状態受動 🎧44

sein＋過去分詞の場合，状態受動を表します。

Das Restaurant **ist** auch sonntags **geöffnet**.　その店は日曜日でも開いています。

Danke für das Geschenk!

■ 関係代名詞 🎧45

関係代名詞は，文中の先行詞を示し，副文（関係文）を主文に結びつける機能を持ちます。

Der Mann, **den** ich gestern gesehen habe, arbeitet bei einer Bank.
昨日私が会った男性は銀行で働いています。

文中の den は，男性名詞 der Mann を指し，主文では1格である一方，副文中では4格として機能しています。従属接続詞の場合と同じく，副文の動詞や助動詞は**副文末**に来ます。

関係代名詞の格変化

	男性名詞	女性名詞	中性名詞	複数
1格	der	die	das	die
2格	**dessen**	**deren**	**dessen**	**deren**
3格	dem	der	dem	**denen**
4格	den	die	das	die

特定の先行詞を持たない関係代名詞である**不定関係代名詞**には，**wer**「～の人」と **was**「～のこと」があります。was は，alles, das, etwas, nichts などの特定されていない先行詞をとることもあります。

● Übungen 9

1 下線部に**werden**の変化形と過去分詞を補いましょう。**4，5**は過去形です。

1. Das Mädchen _____ von der Mutter _____ . (loben)
   その女の子は母親からほめられる。

2. Die Uhr _____ von meinem Vater _____ . (reparieren)
   時計は父によって直される。

3. In Österreich _____ Deutsch _____ . (sprechen)
   オーストリアではドイツ語が話されている。

4. Die Berliner Mauer _____ 1961 _____ . (bauen)
   ベルリンの壁は1961年に建てられた。

5. „Faust" _____ von Goethe _____ . (schreiben)
   『ファウスト』はゲーテによって書かれた。

2 状態受動の文になるように下線部に**sein**と過去分詞を補いましょう。**5**は過去形です。

1. Das Fenster _____ immer _____ . (öffnen)
   その窓はいつも開いている。

2. Das Restaurant _____ heute _____. (schließen)
   そのレストランは今日は閉店している。

3. Sein Zimmer _____ immer _____. (aufräumen)
   彼の部屋はいつも片付いている。

4. Das Hemd _____ schon _____ . (waschen)
   そのシャツはすでに洗われていた。

5. In zehn Tagen _____ der Boden nicht _____. (wischen)
   十日間床は掃除されていない。

3 下線部に関係代名詞を補いましょう。

1. Der Junge, _____ du gestern gesehen hast, ist mein Bruder.
   君が昨日会った若者は私の弟です。

2. Kennst du den Studenten, _____ du gestern geholfen hast?
   君は昨日助けた学生を知っているの？

3. Der Film, _____ er mir empfohlen hat, gefällt mir sehr gut.
   彼が薦めてくれた映画は私にとってとても気に入っている。

4. Die Frau, _____ vor der Tür steht, ist meine Tante.
   ドアの前に立っているのが私のおばです。

5. Die Studentin, _____ Vater ein berühmter Schriftsteller ist, ist seine Freundin.
   父親が有名な作家であるその学生は，彼のガールフレンドだ。

Fußball in Deutschland und der Schweiz：ドイツとスイスのサッカー

Fußball ist heute eine der beliebtesten[1] Sportarten weltweit. Vor allem die relativ einfachen Regeln sowie die geringe Sportausrüstung[2] machten das Spiel so beliebt. In Deutschland spielen ca. 6 Millionen Menschen in über 27000 Fußballvereinen und in der Schweiz sind etwa 270000 Menschen in 1350 Vereinen aktiv.

Aber vor 150 Jahren spielt in den deutschen Schulen niemand Fußball, bis der Fußball von dem Braunschweiger Lehrer Konrad Koch 1874 von England nach Deutschland gebracht wurde. Kurz bevor der Fußball nach Deutschland kam, wurde schon in Lausanne der erste Fußballverein in Kontinentaleuropa gegründet. Heute befindet sich der Hauptsitz der FIFA in Zürich.

Viele Menschen spielen nucht nur Fußball, sondern sie gehen auch häufig in die Stadien, um sich Fußballspiele anzusehen[3]. Die deutsche Bundesliga hat insgesamt die höchste Zuschauerzahl[4] der Welt. In der ersten Bundesliga spielen zurzeit 18 Mannschaften. Die schweizerische Super League besteht aus 10 Vereinen.

---

1. beliebt 人気のある　2. Ausrüstung 装備　3. sich ansehen 観戦する　4. Zuschauerzahl 観客数

ドイツ語で答えてみよう

1. Wie viele Menschen spielen in der Schweiz in Fußballvereinen Fußball?

2. Wer hat den Fußball nach Deutschland gebracht?

3. Wie viele Teams gibt es in der ersten Bundesliga?

● Aktivität 9

1-A. (✏️) 次の文を，ヒントにあげた語を使ってドイツ語で書きましょう。（動詞，冠詞類はふさわしい形に直すこと）

1. この地域では (in diesem Gebiete) よくワインが飲まれている。

2. その家はコルビジェ (Le Corbusier) によって建てられた (bauen)。

3. その店 (s Geschäft) は月曜日には (am Montag) いつも空いている (öffnen)。

4. 今晩 (heute Abend) 私たちはパーティに招待されている (zur Party einladen)。

5. 彼はサングラス (e Sonnenbrille) をプレゼントしてもらった。

1-B. (✏️) 太字の名詞が先行詞となるように，関係代名詞を使って，以下の二つの文を一つの文にしましょう。さらに，それぞれの文を日本語に訳してみましょう。

1. Ich habe **einen Bruder**. Er studiert in Heidelberg.

2. Ich habe gestern eine Frau getroffen. **Die Frau** ist Lehrerin.

3. Du hast mir einen grünen Regenschirm geschenkt. **Der grüne Regenschirm** gefällt mir sehr.

4. Roger Federer ist **ein Schweizer Tennisspieler**. Er ist auch in Japan bekannt.

5. Ich möchte **eine neue Tasche**. Ich kann alle meine Sachen in der Tasche mitnehmen.

2. (👥) 次の動詞を使って，グループワークをしましょう。受動態を含む文を5つ作りましょう。

schreiben, sprechen, öffnen, schließen, reparieren

1. _____ .

2. _____ .

3. _____ .

4. _____ .

5. _____ .

● Grammatik 10

■ 接続法第Ⅰ式 🎧47

間接話法：他者の発言を間接的に伝える際に，接続法第Ⅰ式の形を使います。間接話法が直接話法と同じ
形になる場合，接続法第Ⅱ式の形が用いられます。接続法第Ⅰ式は，日常的な会話ではほとん
ど使用されないものの，新聞などではよく使われます。

Er sagte mir, er komme aus Osaka. 　　　彼は私に大阪から来たと言いました。（間接話法）

Er sagte mir: „Ich komme aus Osaka." 　　彼は私に「私は大阪から来ました」と言いました。（直接話法）

要求話法：実現の可能性がある要求や願望などを表現するとき，接続法第Ⅱ式の要求話法を用います。

Nehmen Sie bitte Platz. 　　　　　　　どうぞお座りください。

Gehen wir heute zusammen essen. 　　　今日は一緒に食べに行きましょう。

接続法第Ⅰ式（語幹＋e に語尾）

	sein	haben	kommen	werden	können
ich	sei	habe	komme	werde	könne
du	sei(e)st	habest	kommest	werdest	könnest
er/sie/es	sei	habe	komme	werde	könne
wir	seien	haben	kommen	werden	können
ihr	seiet	habet	kommet	werdet	könnet
sie/Sie	seien	haben	kommen	werden	können

Ach so! Das wusste ich nicht.

Er sagte mir, er komme aus Osaka.

■ 接続法第Ⅱ式 🎧48

非現実話法：現実にはあり得ないことを表現します。

Wenn ich genug Zeit und Geld hätte, würde ich zu dir nach Paris kommen.

　　　　　　　　　　　　　　　　　käme ich zu dir nach Paris.

もし十分な時間とお金があれば，パリの君のところに行くんだが。

外交的用法：聞き手に対して丁寧さを示したり，控えめな要求を表したりできます。

Könnten Sie mir vielleicht helfen?

ちょっと手伝っていただけませんか？

Es wäre sehr schön, wenn Sie uns mal besuchen könnten.

もしあなたが一度私たちのところへ来てくれたらとても嬉しいです。

接続法第Ⅱ式

	sein	haben	kommen	werden	können
ich	wäre	hätte	käme	würde	könnte
du	wär(e)st	hättest	kämest	würdest	könntest
er/sie/es	wäre	hätte	käme	würde	könnte
wir	wären	hätten	kämen	würden	könnten
ihr	wär(e)t	hättet	kämet	würdet	könntet
sie/Sie	wären	hätten	kämen	würden	könnten

1 下線部に（　）内の動詞を補って要求話法の文にしましょう。

1. Man ＿＿＿＿＿＿＿＿＿ täglich zweimal eine Tablette. (nehmen)

   一日2回1錠ずつ服用してください。

2. Gott ＿＿＿＿＿＿＿＿＿ Dank! (sein)

   神に感謝あれ！

3. Du ＿＿＿＿＿＿＿＿＿ in deinem Leben Erfolg haben! (mögen)

   君の人生がうまくいくように！

4. Es ＿＿＿＿＿＿＿＿＿ oder es ＿＿＿＿＿＿＿＿＿ , wir machen den Ausflug.

   (regnen/ stürmen)　雨が降ろうが嵐になろうが，僕らは遠足に行く。

5. ＿＿＿＿＿＿＿＿＿ es Samstag oder Sonntag, ich werde dich besuchen. (sein)

   土曜であれ日曜であれ，ぼくは君のところに伺うよ。

2 下線部に（　）内の動詞を補って間接話法の文にしましょう。

1. Er sagte, er ＿＿＿＿＿＿＿＿＿ heute seinen Großvater. (besuchen)

   彼は今日祖父を訪問すると言った。

2. Sie sagte, sie ＿＿＿＿＿＿＿＿＿ am Wochenende nach Tokio ＿＿＿＿＿＿＿＿＿ .

   (sein/ fahren)　彼女は週末に東京へ行ったと言った。

3. Sie fragt ihn, wo er ＿＿＿＿＿＿＿＿＿ . (wohnen)

   彼女は彼に，どこに住んでいるのか聞く。

4. Der Mann sagte, er ＿＿＿＿＿＿＿＿＿ davon nichts. (wissen)

   その男は，そのことについては何も知らないと言った。

5. Der Student sagte, er ＿＿＿＿＿＿＿＿＿ das Buch nicht ＿＿＿＿＿＿＿＿＿ . (haben/ lesen)

   その学生は，その本を読まなかったと言った。

3 下線部に（　）内の動詞を補って接続法 II 式の文にしましょう。

1. Wenn ich jetzt Urlaub ＿＿＿＿＿＿＿＿＿, ＿＿＿＿＿＿＿＿＿ ich nach Deutschland.

   (haben/ fahren)　もしいま休みがあったら，ドイツへ行くのに。

2. ＿＿＿＿＿＿＿＿＿ Sie mir bitte sagen, wie spät es ist? (können)

   今何時か教えていただけますか？

3. Wenn ich Geld ＿＿＿＿＿＿＿＿＿ ＿＿＿＿＿＿＿＿＿, ＿＿＿＿＿＿＿＿＿ ich ein neues Auto

   ＿＿＿＿＿＿＿＿＿ . (haben/ kaufen 過去)　もしお金があったら，新しい車を買ったのに。

4. Fast ＿＿＿＿＿＿＿＿＿ ich den Zug ＿＿＿＿＿＿＿＿＿. (verpassen 過去)

   あやうく列車を乗り過ごすところだった。

5. Er spricht Deutsch, als ob er Deutscher ＿＿＿＿＿＿＿＿＿. (sein)

   彼はまるでドイツ人であるかのようにドイツ語を話す。

◆ Deutsche Literatur— „Die Verwandlung" von Franz Kafka :
ドイツ文学 ― カフカの『変身』

Was wisst ihr über deutschsprachige Literatur? Die deutsche Literatur brachte eine Vielzahl von Schriftstellern hervor. Nicht nur klassische Dichter wie Goethe und Schiller, sondern auch Nobelpreisträger wie Thomas Mann, Elfriede Jelinek und Peter Handke sowie Schriftsteller, für die Deutsch eine Fremdsprache ist, wie Yoko Tawada gehören dazu.

Als Beispiel für diese vielfältige Welt der deutschen Literatur möchte ich ein Werk von Franz Kafka vorstellen. Kafkas Meisterwerk „Die Verwandlung" beginnt mit folgendem Satz: „Als Gregor Samsa eines Morgens aus unruhigen Träumen erwachte, fand er sich in seinem Bett zu einem ungeheueren Ungeziefer verwandelt."

In diesem Werk geht es nicht nur um das Leiden von Samsa, der als unheimliches und schauriges Insekt lebt, sondern auch um die Groteske seiner Trennung von seiner Familie. Was könnte Kafka mit diesem Werk gemeint haben? Es wäre sehr interessant, wenn man über diese Frage nachdächte.

ドイツ語で答えてみよう

1. Welches Werk hat Franz Kafka geschrieben?
2. In was verwandelt sich der Protagonist in diesem Werk?
3. Was wird in dem Werk behandelt?

1. 🖊 次の文を，ヒントにあげた語を使ってドイツ語で書きましょう。（動詞，冠詞類はふさわしい形に直すこと）

1. 彼は，私は昨日熱があった (Fieber haben) と言った。

2. 彼女は彼に，それは本当なのか (wahr sein) と聞いた (fragen)。

3. その学生はコーヒー (r Kaffee) は飲みたくないと言った。

4. もし私に時間 (Zeit) があれば，そのコンサート (s Konzert) に行くのに。

5. その車 (s Auto) が安かった (billig) ら，私はそれを買ったのに。

6. 駅へ (zum Bahnhof) の道 (r Weg) を教えて (zeigen) いただけますか？

7. もし昨日雨が降らなかった (regnen) ら，君は何をした (machen)？

8. ぼくはガールフレンド (e Freundin) と湖に (an einen See) 行った (fahren) だろうに。

2. 👥 次の語を使って，グループワークをしましょう。接続法Ⅰ式の文を2つ，接続法Ⅱ式の文を3つ作りましょう。

wenn, können, werden, ob, haben

1. _____ .

2. _____ .

3. _____ .

4. _____ .

5. _____ .

主要不規則動詞変化表

不定詞	直説法現在	過去基本形	接続法第2式	過去分詞
backen (パンなどを)焼く	*du* bäckst (backst) *er* bäckt (backt)	**backte**	backte	**gebacken**
befehlen 命令する	*du* befiehlst *er* befiehlt	**befahl**	beföhle (befähle)	**befohlen**
beginnen 始める，始まる		**begann**	begänne (begönne)	**begonnen**
bieten 提供する		**bot**	böte	**geboten**
binden 結ぶ		**band**	bände	**gebunden**
bitten たのむ		**bat**	bäte	**gebeten**
bleiben とどまる		**blieb**	bliebe	**geblieben**
braten (肉などを)焼く	*du* brätst *er* brät	**briet**	briete	**gebraten**
brechen 破る，折る	*du* brichst *er* bricht	**brach**	bräche	**gebrochen**
brennen 燃える		**brannte**	brennte	**gebrannt**
bringen 持って来る		**brachte**	brächte	**gebracht**
denken 考える		**dachte**	dächte	**gedacht**
dürfen …してもよい	*ich* darf *du* darfst *er* darf	**durfte**	dürfte	**gedurft** **dürfen**
empfehlen 推薦する	*du* empfiehlst *er* empfiehlt	**empfahl**	empfähle (empföhle)	**empfohlen**
erschrecken 驚く	*du* erschrickst *er* erschrickt	**erschrak**	erschräke	**erschrocken**
essen 食べる	*du* isst *er* isst	**aß**	äße	**gegessen**
fahren (乗物で)行く	*du* fährst *er* fährt	**fuhr**	führe	**gefahren**
fallen 落ちる	*du* fällst *er* fällt	**fiel**	fiele	**gefallen**
fangen 捕える	*du* fängst *er* fängt	**fing**	finge	**gefangen**
finden 見つける		**fand**	fände	**gefunden**
fliegen 飛ぶ		**flog**	flöge	**geflogen**

不定詞	直説法現在	過去基本形	接続法第2式	過去分詞
fliehen 逃げる		**floh**	flöhe	**geflohen**
fließen 流れる		**floss**	flösse	**geflossen**
frieren 凍る		**fror**	fröre	**gefroren**
geben 与える	*du* gibst *er* gibt	**gab**	gäbe	**gegeben**
gehen 行く		**ging**	ginge	**gegangen**
gelingen 成功する		**gelang**	gelänge	**gelungen**
gelten 値する，有効である	*du* giltst *er* gilt	**galt**	gälte (gölte)	**gegolten**
genießen 享受する，楽しむ		**genoss**	genösse	**genossen**
geschehen 起こる	*es* geschieht	**geschah**	geschähe	**geschehen**
gewinnen 獲得する，勝つ		**gewann**	gewänne (gewönne)	**gewonnen**
graben 掘る	*du* gräbst *er* gräbt	**grub**	grübe	**gegraben**
greifen つかむ		**griff**	griffe	**gegriffen**
haben 持っている	*du* hast *er* hat	**hatte**	hätte	**gehabt**
halten 持って(つかんで)いる	*du* hältst *er* hält	**hielt**	hielte	**gehalten**
hängen 掛かっている		**hing**	hinge	**gehangen**
heben 持ちあげる		**hob**	höbe	**gehoben**
heißen …と呼ばれる		**hieß**	hieße	**geheißen**
helfen 助ける	*du* hilfst *er* hilft	**half**	hülfe (hälfe)	**geholfen**
kennen 知っている		**kannte**	kennte	**gekannt**
kommen 来る		**kam**	käme	**gekommen**
können …できる	*ich* kann *du* kannst *er* kann	**konnte**	könnte	**gekonnt** **können**
laden (荷を)積む	*du* lädst *er* lädt	**lud**	lüde	**geladen**
lassen …させる	*du* lässt *er* lässt	**ließ**	ließe	**gelassen**

不定詞	直説法現在	過去基本形	接続法第2式	過去分詞
laufen 走る	*du* läufst *er* läuft	**lief**	liefe	**gelaufen**
leiden 悩む，苦しむ		**litt**	litte	**gelitten**
leihen 貸す，借りる		**lieh**	liehe	**geliehen**
lesen 読む	*du* liest *er* liest	**las**	läse	**gelesen**
liegen 横たわっている		**lag**	läge	**gelegen**
lügen うそをつく		**log**	löge	**gelogen**
messen 測る	*du* misst *er* misst	**maß**	mäße	**gemessen**
mögen …かもしれない	*ich* mag *du* magst *er* mag	**mochte**	möchte	**gemocht** **mögen**
müssen …ねばならない	*ich* muss *du* musst *er* muss	**musste**	müsste	**gemusst** **müssen**
nehmen 取る	*du* nimmst *er* nimmt	**nahm**	nähme	**genommen**
nennen …と呼ぶ		**nannte**	nennte	**genannt**
raten 助言する	*du* rätst *er* rät	**riet**	riete	**geraten**
reißen 引きちぎる		**riss**	risse	**gerissen**
reiten 馬に乗る		**ritt**	ritte	**geritten**
rennen 走る		**rannte**	rennte	**gerannt**
rufen 叫ぶ，呼ぶ		**rief**	riefe	**gerufen**
schaffen 創造する		**schuf**	schüfe	**geschaffen**
scheinen 輝く，思われる		**schien**	schiene	**geschienen**
schieben 押す		**schob**	schöbe	**geschoben**
schießen 撃つ		**schoss**	schösse	**geschossen**
schlafen 眠っている	*du* schläfst *er* schläft	**schlief**	schliefe	**geschlafen**
schlagen 打つ	*du* schlägst *er* schlägt	**schlug**	schlüge	**geschlagen**
schließen 閉じる		**schloss**	schlösse	**geschlossen**

不定詞	直説法現在	過去基本形	接続法第2式	過去分詞
schmelzen 溶ける	*du* schmilzt *er* schmilzt	**schmolz**	schmölze	**geschmolzen**
schneiden 切る		**schnitt**	schnitte	**geschnitten**
schreiben 書く		**schrieb**	schriebe	**geschrieben**
schreien 叫ぶ		**schrie**	schriee	**geschrien**
schweigen 沈黙する		**schwieg**	schwiege	**geschwiegen**
schwimmen 泳ぐ		**schwamm**	schwömme (schwämme)	**geschwommen**
schwinden 消える		**schwand**	schwände	**geschwunden**
sehen 見る	*du* siehst *er* sieht	**sah**	sähe	**gesehen**
sein 在る	*ich* bin *wir* sind *du* bist ihr seid *er* ist sie sind	**war**	wäre	**gewesen**
senden 送る		**sendete** (**sandte**)	sendete	**gesendet** (**gesandt**)
singen 歌う		**sang**	sänge	**gesungen**
sinken 沈む		**sank**	sänke	**gesunken**
sitzen 座っている		**saß**	säße	**gesessen**
sollen …すべきである	*ich* soll *du* sollst *er* soll	**sollte**	sollte	**gesollt** **sollen**
spalten 割る		**spaltete**	spaltete	**gespalten**
sprechen 話す	*du* sprichst *er* spricht	**sprach**	spräche	**gesprochen**
springen 跳ぶ		**sprang**	spränge	**gesprungen**
stechen 刺す	*du* stichst *er* sticht	**stach**	stäche	**gestochen**
stehen 立っている		**stand**	stände (stünde)	**gestanden**
stehlen 盗む	*du* stiehlst *er* stiehlt	**stahl**	stähle (stöhle)	**gestohlen**
steigen 登る		**stieg**	stiege	**gestiegen**
sterben 死ぬ	*du* stirbst *er* stirbt	**starb**	stürbe	**gestorben**
stoßen 突く	*du* stößt *er* stößt	**stieß**	stieße	**gestoßen**

不定詞	直説法現在	過去基本形	接続法第2式	過去分詞
streichen なでる		**strich**	striche	**gestrichen**
streiten 争う		**stritt**	stritte	**gestritten**
tragen 運ぶ，身につける	*du* trägst *er* trägt	**trug**	trüge	**getragen**
treffen 当たる，会う	*du* triffst *er* trifft	**traf**	träfe	**getroffen**
treiben 追う		**trieb**	triebe	**getrieben**
treten 歩む，踏む	*du* trittst *er* tritt	**trat**	träte	**getreten**
trinken 飲む		**trank**	tränke	**getrunken**
tun する		**tat**	täte	**getan**
vergessen 忘れる	*du* vergisst *er* vergisst	**vergaß**	vergäße	**vergessen**
verlieren 失う		**verlor**	verlöre	**verloren**
wachsen 成長する	*du* wächst *er* wächst	**wuchs**	wüchse	**gewachsen**
waschen 洗う	*du* wäschst *er* wäscht	**wusch**	wüsche	**gewaschen**
wenden 向ける		**wendete** （**wandte**)	wendete	**gewendet** （**gewandt**)
werben 得ようと努める	*du* wirbst *er* wirbt	**warb**	würbe	**geworben**
werden （…に）なる	*du* wirst *er* wird	**wurde**	würde	**geworden**
werfen 投げる	*du* wirfst *er* wirft	**warf**	würfe	**geworfen**
wissen 知っている	*ich* weiß *du* weißt *er* weiß	**wusste**	wüsste	**gewusst**
wollen …しようと思う	*ich* will *du* willst *er* will	**wollte**	wollte	**gewollt** **wollen**
ziehen 引く，移動する		**zog**	zöge	**gezogen**
zwingen 強制する		**zwang**	zwänge	**gezwungen**

ミニマムドイツ語・レーゼン

検印 省略	©2023年1月30日　　初版発行

著者　　　　　　　　　　　　熊谷哲哉
　　　　　　　　　　　　　　大喜祐太

発行者　　　　　　　　　　　小川　洋一郎

発行所　　　　　株式会社　朝　日　出　版　社
　　　　　　〒101-0065 東京都千代田区西神田 3-3-5
　　　　　　　　　電話(03)3239-0271・72（直通）
　　　　　　　　　http://www.asahipress.com/
　　　　　　　　　振替口座　東京　00140-2-46008
　　　　　　　　　　　明昌堂／図書印刷